EXETER TEXTES LITTÉRAIRES
Collection *Textes Littéraires* fondée par Keith Cameron.
La nouvelle collection *Exeter Textes Littéraires* dirigée
par David Cowling, maître de conférences dans le
Département de français, Université d'Exeter.

4

LA MATRONE CHINOISE

Ling-Ling Sheu, docteur de l'Université libre de Bruxelles
('Marivaux, juge et témoin de son temps, d'après ses *Journaux*'), est
professeur de langue et de littérature françaises à l'Université Tam-
Kang de Taïpei (Taïwan).

LA MATRONE CHINOISE
OU L'ÉPREUVE RIDICULE
comédie (1765)

Pierre-René Lemonnier

publiée avec une introduction, des notes
et une documentation thématique par
Ling-Ling Sheu

Préface de
Frédéric Deloffre

UNIVERSITY
of
EXETER
PRESS

First published in 2003 by
University of Exeter Press
Reed Hall, Streatham Drive
Exeter EX4 4QR
UK
www.ex.ac.uk/uep/

British Library Cataloguing in Publication Data
A catalogue record for this book is available
from the British Library.

ISBN 0 85989 732 X
ISSN 1475-5742

Typeset in 10/12 pt Plantin Light
by XL Publishing Services, Tiverton

Printed in Great Britain by Antony Rowe Ltd, Chippenham

Table des Matières

LA MATRONE
CHINOISE,
O U
L'EPREUVE RIDICULE,
COMEDIE BALLET
EN DEUX ACTES ET EN VERS LIBRES,

Par M. LEMONNIER.

*Repréfentée par les Comédiens Italiens ordinaires
du Roi, le 26 Décembre 1764.*

S'il eſt un Conte uſé, commun & rebattu,
C'eſt celui qu'en ces Vers j'accommode à ma guiſe.

La Fontaine. Conte de la Matrône d'Ephèſe.

Le prix eſt de 24. ſols.

A PARIS,

Chez CLAUDE HERISSANT, Imprimeur-Libraire,
rue neuve Notre-Dame, aux trois Vertus.

M. DCC. LXIV.
Avec Approbation & Permiſſion.

Page de titre de l'édition originale.

4 *LA MATRONE CHINOISE,*

J'ai gardé mon fecret : il en coute à ma flamme ;
Mais le moment arrive où lifant dans fon ame
Je pourrai m'affurer de fa fidélité.
   Fanny de retour d'un voyage,
   Vit ce tombeau par mes foins apprêté :
De mon trépas ici tout lui traçant l'image ,
Je reviens fous mes traits , fous un nom emprunté ,
(Affectant d'un Amant le féduifant langage)
Pénétrer dans fon cœur , & voir à quel ufage
Fanny va confacrer enfin fa liberté.

OCTAR.

Le projet eft hardi , mais il n'eft pas d'un fage;
Et je craindrois pour vous quelque revers fâcheux.

ZAMNY.

Raffure-toi, ceci n'aura rien de funefte :
Connoiffant mon amour, tu dois prévoir le refte.
Fanny jeune & charmante eft dans cet âge heureux ,
Où chaque objet nouveau frappe & féduit nos
      yeux :
Je prétens l'arracher à ce penchant volage.
C'eft pour mieux l'engager que j'éprouve fon cœur;
Et déja je me livre à l'efpoir enchanteur
      De m'en faire aimer davantage.

OCTAR.

   Mais ce que je ne conçois point ,
C'eft que vous ayez fçu vous déguifer au point
Que Zulime & Fanny puiffent vous méconnoître.

ZAMNY.

Fanny m'en a parlé : je craignois fes foupçons;
Mais j'ai fçu lui donner de fi bonnes raifons ,
      Que je les ai fait difparoître.

Acte I, scène 1ère, vv. 40–65.

Préface

Jamais la Chine ne fut plus à l'honneur en France qu'au XVIIIe
siècle. L'entente avait d'abord été politique: tandis qu'à Pékin l'em-
pereur appelait les Jésuites « ses fidèles amis », les « philosophes »
français lui conseillaient de ne pas s'assujettir à la religion « papiste »,
qui lui imposait, disaient-ils, un lourd tribut. Le rapprochement fut
aussi spirituel: Malebranche s'était intéressé au confucianisme et en
avait discuté avec respect.

La mode eut vite son tour. Des pagodes s'élevèrent dans les jardins
à la française. À Paris, à Versailles, dans les châteaux, les tapisseries
des Gobelins à décor chinois de Boucher voisinaient avec les cabinets
de porcelaines de Chine à décor Pompadour; les meubles laqués,
rapportés par la Compagnie des Indes, s'inspiraient du style Louis XV
pour orner les plus riches demeures. À la fin du siècle, sur la scène de
la Comédie-Française et du Théâtre-Italien — Opéra-Comique
comme sur les tréteaux des montreurs d'ombres chinoises, partout on
rencontrait la Chine.

Le genre comique avait ouvert la voie. Certes, *Les Chinois*, de
Regnard et Dufresny (1692), n'étaient qu'une arlequinade: pour le
public, l'exotisme chinois, comme l'exotisme arabe, était seulement
une épice ajoutant du piquant au burlesque « italien ». Mais les savants
voyaient la Chine autrement. Dès 1719, l'abbé Bignon avait fait établir
une liste de livres orientaux à acheter pour la bibliothèque du Roi, et
les ouvrages chinois y tenaient la première place. Bientôt, les œuvres
de philologues comme le P. de Prémare, d'historiens comme le P. Du
Halde, révélaient la dignité de la matière chinoise. Désormais, la scène
tragique même ne pouvait lui rester fermée. Le premier, Voltaire se
plut à en tirer, pour ses comédiens favoris, les Comédiens-Français,
son *Orphelin de la Chine* (1755).

La pièce montrait Gengis Khan, le barbare vainqueur de l'Empire
du Milieu, désarmé par la Chine tolérante et civilisée, fière de « l'au-
guste antiquité » de ses arts et de ses lois, de sa « religion de tout temps
épurée », de « cent siècles de gloire » avérés. Devant le Chinois Zamti,
prêt à sacrifier son propre enfant pour sauver le dernier rejeton de la

dynastie, et surtout devant la femme de Zamti, Idamé, qu'il avait aimée autrefois, Gengis-Khan, s'attendrissait, faisait grâce et rendait biens et honneurs à ceux qu'il pouvait faire périr.

En écrivant à son tour sa *Matrone chinoise* (1764; représentée en janvier 1765), Pierre-René Lemonnier ne visait pas si haut. Sa pièce, destinée au Théâtre-Italien (qui depuis 1762 fusionnait avec l'Opéra-Comique), était une comédie agrémentée d'ariettes et de pantomime. La comparaison des deux pièces n'en est pas moins intéressante. L'une et l'autre sont tirées de Du Halde, mais celle de Lemonnier reste beaucoup plus proche de sa source que celle de Voltaire. Cette dernière ne finissait bien que par l'arbitraire de l'auteur: dans l'histoire chinoise, l'orphelin, devenu adulte, tirait du persécuteur de ses parents une tardive, mais d'autant plus cruelle vengeance; Voltaire laissait l'enfant dans l'ombre et donnait au persécuteur Gengis-Khan, « poli par l'amour », la grâce de Sévère dans *Polyeucte*. Dans la *Matrone chinoise*, l'auteur français n'avait qu'à se laisser porter par l'optimisme de son modèle. Selon la tradition occidentale, telle qu'elle fut d'abord formulée par Pétrone, puis sous une forme adoucie par Saint-Évremond, La Fontaine et Voltaire lui-même — dans le chapitre du « Nez » de *Zadig* — , la veuve peu scrupuleuse ne pouvait espérer de grâce. En revanche, le mari chinois de Lemonnier se satisfait de la leçon que sa femme a reçue et lui accorde un généreux pardon. Ainsi, c'est l'histoire-source de Lemonnier qui témoigne en faveur de la civilisation chinoise, sans qu'il soit besoin de belles tirades pour la célébrer.

En publiant la *Matrone chinoise*, jamais rééditée jusqu'ici, Mme Ling-Ling Sheu, professeur à l'Université Tam-Kang de Taïpei, apporte tout ce qu'on pouvait attendre d'un éditeur scrupuleux. Le texte est fidèlement transcrit; la notice sur l'auteur est exemplaire; la manière dont celui-ci a transposé une narration chinoise en pièce de théâtre française est finement analysée. Il n'est pas jusqu'à l'emploi du vers libre, cher à Lemonnier, qui soit défini avec exactitude.

Certes, pour juger une pièce de théâtre, la meilleure édition ne remplace pas une représentation. Mais ce que Mme Ling-Ling Sheu a fait d'original est de remonter plus haut que le père Du Halde, jusqu'aux sources chinoises de celui-ci. Et, en fin d'édition de la pièce, elle rassemble comme documentation thématique non seulement les textes dont Lemonnier s'est inspiré, mais aussi des textes remontant aux sources chinoises. Dès lors, la tradition dont procèdent le conte chinois et la pièce française peut être abordée dans une perspective nouvelle. Celle-ci combine une vision doublement « comparatiste », prenant en compte folklore occidental et folklore extrême-oriental d'une part, et particularités dues à la différence des genres littéraires, conte et théâtre, d'autre part. Programme ambitieux, malaisé, mais d'autant plus prometteur qu'il est plus nouveau.

Frédéric Deloffre

Professeur émérite à la Sorbonne, Paris IV

Introduction

Pourquoi une édition de *La Matrone chinoise*, comédie-ballet du milieu du XVIIIe siècle, d'un auteur tombé dans l'oubli, et elle-même aujourd'hui inconnue des historiens du théâtre? Il est tant de pièces du XVIIIe siècle, siècle si riche pour la vie du théâtre, mais dont on ne garde le plus souvent que quelques noms d'auteurs: Regnard, Dufresny, Dancourt, Lesage, Piron, Marivaux, Voltaire et Beaumarchais!

C'est en travaillant sur *Zadig* de Voltaire que j'ai été mise sur la voie d'un historien et sinologue, le Père Du Halde, qui avait publié en 1735 un conte chinois sur le thème universel de l'infidélité des femmes.

J'étais déjà au courant de la version chinoise de ce thème, et des nombreuses pièces de théâtre qui avaient été écrites sur ce sujet en Chine aux XVIIe et XVIIIe siècles. Sans se connaître, les hommes de théâtre chinois et les écrivains français avaient sélectionné les mêmes éléments du conte original pour écrire leur œuvre.

Inspiré par *Zadig* et tout en ne négligeant pas Pétrone, Lemonnier est le premier qui reprit les données du conte chinois d'après le Père Du Halde et à travers une version rapportée par la suite par Fréron, pour développer au théâtre une version nouvelle de la matrone d'Éphèse[1].

Après recherches, j'ai pu constater que bien des analyses avaient été faites sur les œuvres qui développaient ce thème, mais qu'il manquait une réédition des textes européens qui avaient puisé à la source chinoise. De là, cette réédition de la *Matrone* de Lemonnier.

---

1 Les auteurs français du XVIIIe siècle ont repris inlassablement la version européenne du thème d'après Pétrone, entre autres Houdar de La Motte (comédie imprimée) et Fuzelier (comédie manuscrite; voir à la Bibliographie). Mon étude s'arrête à Lemonnier. Mais il faut savoir qu'après Lemonnier, c'est encore la version de Pétrone qui sera adaptée au théâtre: *La Matrone d'Éphèse*, de Radet, comédie avec vaudevilles (Théâtre du Vaudeville, 1792); mais c'est la version donnée par Voltaire dans *Zadig* (ch. 2) qui sera reprise deux ans plus tard par Armand-Gouffé et P. Villiers: *Le Nez*, opéra-vaudeville (Théâtre de la Cité-Variété, 1794).

Lemonnier et son œuvre

De Pierre-René Lemonnier, nous ne savons guère que ce qu'ont dit de lui, au XIXe siècle, les grands dictionnaires de biographie (Michaud, t. 24; Hoefer, t. 30), c'est-à-dire peu de choses: un « célèbre inconnu »[2]. Il serait né à Paris en 1731. Il fut secrétaire du marquis de Maillebois[3]; puis, à Metz, commissaire des guerres, c'est-à-dire administrateur des dépenses militaires et / ou contrôleur des effectifs. Il mourut dans cette ville le 8 janvier 1796[4].

Son œuvre dramatique est importante, et pour plusieurs de ses œuvres son succès est certain:

— *Le Maître en droit*, opéra-comique, 2 actes, en prose mêlée d'ariettes ; musique de Monsigny. Représenté à l'Opéra-Comique de la Foire Saint-Germain, le 23 février 1760 et repris au Théâtre-Italien le 8 février 1762 (joué assez régulièrement chaque année: 81 représentations de 1762 à 1771, 39 de 1772 à 1781, et encore 2 représentations en 1789–1790). Édition Paris, Duchesne, 1760. Ont été publiés à part les *Airs détachés du Maître en droit*, Paris, Duchesne, sans date (BNF: Yf 5940).

— *Le Maître d'école*, opéra-comique, 1 acte, en prose mêlée d'ariettes; musique de Lismore. Parodie du *Maître en droit* (avec Lefèvre de Marcouville); Opéra-Comique de la Foire Saint-Germain, 14 mars 1760. Édition Paris, Duchesne, 1760.

---

2 L'*Enciclopedia dello Spettacolo*, pourtant si riche en renseignements sur les spectacles, ne le cite pas (Rome, éd. « Le Maschere », t. VI, 1975).

3 (1682–1762) et maréchal de France.

4 L'acte de décès, conservé aux Archives départementales de la Moselle, à Metz (3e section, 19 nivôse an IV), donne quelques précisions. Les documents biographiques sur Lemonnier étant rares et épars, je transcris l'essentiel de cet acte: « Sont comparus en la maison commune, les citoyens René François Ja(c)quinot, maréchal des logis, de la commune de Metz, y demeurant place de la Loi, et Claude Lamort, âgé de trente sept ans, imprimeur, demeurant rue Fournirue [c'est-à-dire, des Fourneaux], le premier cousin germain par alliance, le second voisin de Pierre René Lemonnier âgé de soixante cinq ans, commissaire des guerres, de la troisième division militaire, employé à Metz, veuf de Marie Bonne Aventure, demeurant même rue, lesquels m'ont déclaré que ledit Pierre René Lemonnier est décédé ce jour d'huy dans sa demeure, où je me suis transporté et me suis assuré dudit décée (sic) (. . .) ». La *Revue du service de l'Intendance militaire*, mai-juin 1928, n° 311, pp. 260–261 (article communiqué par les Archives de Metz), confirme que Pierre-René Lemonnier était en 1794–1795 parmi les « commissaires des guerres » de Metz.

— *Les Pèlerins de la Courtille*, parodie des *Paladins*, de Monticour; musique de Rameau. Opéra-Comique de la Foire Saint-Germain, 22 mars 1760.

— *Le Cadi dupé*, opéra-comique, 1 acte, en prose mêlée d'ariettes et de vaudevilles; musique de Monsigny. Opéra-Comique de la Foire Saint-Germain, 4 février 1761 (et Vienne, 13 octobre 1761, avec une musique de Gluck); puis Théâtre-Italien, 13 février 1762 (99 représentations de 1762 à 1771, 24 de 1772 à 1781, et encore 3 représentations en 1790). Édition avec musique, Paris, Duchesne, 1761.

— *Le Tuteur amoureux*, comédie, 2 actes, vers libres, mêlée d'ariettes, et précédée d'un prologue: *Les Dieux réunis, ou la Fête des Muses*. Édition Madrid, 1764[5].

— *La Matrone chinoise, ou l'épreuve ridicule*, comédie, 2 actes, vers libres. Théâtre-Italien, 2 janvier 1765. Texte reproduit ici.

— *Renaud d'Ast*, comédie, 2 actes, en prose mêlée d'ariettes; musique de Trial et Vachon. Fontainebleau, 12 octobre 1765. Édition Paris, Ch. Ballard, 1765.

— *La Meunière de Gentilly*, comédie, 1 acte, en prose mêlée d'ariettes; musique de La Borde. Théâtre-Italien, 13 octobre 1768 (25 représentations de 1768 à 1772, et 2 encore en 1775). Édition (avec musique) Paris, Vente, 1768.

— *Le Bon Fils*, comédie, 1 acte, en prose mêlée d'ariettes; musique de Philidor. Théâtre-Italien, 11 janvier 1773 (10 représentations jusqu'au 1er février 1773; la pièce ne fut plus reprise ensuite). Édition Paris, Veuve Duchesne, 1773.

— *L'Union de l'amour et des arts*, ballet héroïque à 3 entrées, vers libres; musique de Floquet. Académie royale de musique, 7 septembre 1773. Édition Paris, Académie de musique, 1773.

— *Azolan, ou le serment indiscret*, ballet héroïque, 3 actes, vers libres; musique de Floquet. Académie royale de musique, 22 novembre 1774. Édition Paris, Académie de musique, 1774.

---

5 C'est une pièce de circonstance, écrite pour les fêtes données à Madrid en février 1764 à l'occasion du mariage de l'infante Marie-Louise d'Espagne et de l'archiduc Léopold (Françoise Karro, « Un ambassadeur français au service de l'Espagne éclairée: les fêtes du marquis d'Ossun, Madrid, 1764–1765 », dans *Ibero-Amerikanisches Archiv*, Jg. 15, H. 2, 1989, pp. 184–185).

— *Le Mariage clandestin*, comédie, 3 actes, vers libres. Théâtre-Français, 12 août 1775 (une seule représentation)[6].

— *Théodore*, ballet héroïque, 1 acte, vers libres, seconde entrée de *L'Union de l'amour et des arts*; musique de Floquet. Fontainebleau, 24 octobre 1776. Édition Paris, Ch. Ballard, 1776.

— *Hellé*, tragédie lyrique, 3 actes, vers libres; musique de Floquet. Académie royale de musique, 5 janvier 1779. Édition Paris, de Lormel, 1779.

La représentation de *La Matrone chinoise*

La Matrone chinoise fut représentée, non le 26 décembre 1764, comme il est indiqué dans l'édition sortie avant la représentation, mais le mercredi 2 janvier 1765, avec *La Bohémienne*, comédie en deux actes, en vers libres, mêlée d'ariettes, de Ch. S. Favart (Théâtre-Italien, 28 juillet 1755; jouée de 1755 à 1774) et *La Servante maîtresse*, comédie en deux actes, en vers libres, mêlée d'ariettes, de Baurans (Théâtre-Italien, 14 août 1754; succès constant jusque sous la Révolution et après l'abolition des privilèges des théâtres officiels)[7]. La recette de cette journée fut bonne, avec 864 spectateurs. La comédie de Lemonnier fut redonnée le lendemain, avec *Le Serrurier*, opéra bouffon, en un acte, en prose, mêlée d'ariettes, de Quétant, musique de Kohaut, créé le 20 décembre précédent (il sera régulière-ment joué jusqu'en 1765), et avec *Les Deux Frères rivaux*, pièce jouée en italien et créée le 3 juin 1763 et qui restera au répertoire jusqu'en 1779: là encore, bonne recette, avec 1 103 spectateurs. La troisième représentation eut lieu le samedi 5 janvier, avec *Le Serrurier* et une pièce en italien, *Le Gondolier vénitien*, qui se jouait depuis janvier 1762: bonne recette, avec 1 504 spectateurs[8].

---

6 Dans son *Theatre, Opera and Audiences in Revolutionary Paris*, Westport, Greenword Press, 1996, p. 192, Emmet Kennedy attribue par erreur, à Lemonnier *Le Mariage clandestin*, opéra en un acte, de L.-Ph. Ségur, musique de Devienne, dont la première représentation fut donnée au Théâtre de la citoyenne Montansier le 11 novembre 1790 (44 représentations de 1790 à 1792).

7 André Tissier, *Les Spectacles à Paris pendant la Révolution*, Genève, Droz, 1992, t. I, p. 481.

8 Pour comparaison, le 1er janvier il n'y eut que 596 spectateurs, le 4, 151 et le 6, 787 (Clarence D. Brenner, *The Theatre Italien, its repertory, 1716–1793*, Berkeley-Los Angeles, University of California Press, 1961, p. 282). Vraisemblablement, si les trois représentations de *La Matrone chinoise* eurent un public assez nombreux, c'est qu'il s'agissait d'un public curieux de voir une comédie nouvelle.

Registres du Théâtre-Italien (1765), à la Bibliothèque de l'Opéra

Pourquoi, dès lors, *La Matrone chinoise* n'eut-elle que trois représentations? La pièce, vu le petit nombre de ses représentations, a pu passer pour un échec. Comme, malgré le succès de son *Maître en droit* et de son *Cadi dupé*, Lemonnier n'avait pas dans la société, semble-t-il, une réputation suffisante d'auteur dramatique pour que les journaux s'intéressent beaucoup à lui, nous avons peu de comptes rendus pour répondre sûrement à la question.

Le seul compte rendu contemporain, à ma connaissance, est celui du *Mercure de France*, de janvier 1765, à la rubrique « Spectacles de Paris, Comédie Italienne »:

« Le mercredi, 2 du présent mois, on donna la première représentation de *la Matrone chinoise*, comédie en deux actes et en vers, ornée de divertissements. Cette pièce a été représentée trois fois. Tous les autres jours du mois de septembre [sic] et celui-ci, la scène a été remplie par les pièces que l'on connaît et que l'on voit journellement sur ce théâtre, ainsi que par des comédies italiennes, les jours désignés pour ce genre. »[9]

Un autre compte rendu précise en peu de mots les faits. Dans ses *Annales du Théâtre-Italien* (1788), Antoine d'Origny écrit au cours de sa rétrospective de 1764 à 1765:

« On représenta, le 2 janvier 1765, *la Matrone chinoise*. Cette comédie de M. Le Monnier, loin d'être goûtée comme *Zadig*, qui en a fourni le sujet, eut assez de peine à obtenir l'attention du moment. »[10]

Autrement dit, les spectateurs qui étaient venus nombreux et qui, pour la plupart, connaissaient déjà les pièces représentées avec *La Matrone chinoise*, n'ont guère apprécié cette comédie: elle ne leur apportait rien de bien nouveau. Les « chinoiseries » avaient été à la mode[11]. Mais elles finissaient par lasser, ou par ne plus intéresser. La « nouveauté » chinoise de Lemonnier pouvait passer pour ne plus être dans le goût du jour. En 1761, quatre ans avant la comédie de Lemonnier, Jean-Jacques Rousseau en témoigne dans *La Nouvelle Héloïse* avec une lettre de Saint-Preux à sa cousine Mme d'Orbe (IV,

9 Genève, Slatkine reprints, 1970, t. 88, p. 106 (pp. 185–186 dans l'édition originale).
10 *Annales du Théâtre-Italien, depuis son origine jusqu'à ce jour*, Paris, 1788 (Genève, Slatkine reprints, 1970, t. II, p. 30).
11 Voir ci-dessous, pp. 15 et 18.

3), bien qu'il semble que sa critique ait été moins celle de la Chine qu'une esquisse de réponse et d'attaque adressées à Voltaire, l'apologiste de la Chine:

> « Après avoir traversé la grande mer, j'ai trouvé dans l'autre continent un nouveau spectacle. J'ai vu la plus nombreuse et la plus illustre nation de l'univers soumise à un poignée de brigands; j'ai vu de près ce peuple célèbre, et n'ai plus été surpris de le trouver esclave. Autant de fois conquis qu'attaqué, il fut toujours en proie au premier venu et le sera jusqu'à la fin des siècles. Je l'ai trouvé digne de son sort, n'ayant pas même le courage d'en gémir. Lettré, lâche, hypocrite et charlatan; parlant beaucoup sans rien dire, plein d'esprit sans aucun génie, abondant en signes et stérile en idées; poli, complimenteur, adroit, fourbe et fripon; qui met tous les devoirs en étiquettes, toute la morale en simagrées, et ne connaît d'autre humanité que les salutations et les révérences. »

Le théâtre de cette époque, à la différence de celui d'aujourd'hui où prime la mise en scène, proposait chaque mois une suite de nouveautés. Par exemple, en 1764, l'année qui précède la représentation de la comédie de Lemonnier, vingt-trois pièces avaient été créées au Théâtre-Italien. Le public voulait toujours du nouveau. Par la « contamination » de la « matrone latine » et de la « matrone chinoise », Lemonnier ne lui offrait guère de quoi le satisfaire. De là, un public passablement indifférent à l'égard de cette prétendue nouveauté qui se voulait divertissante. Presque tous d'ailleurs connaissaient l'épisode du « nez » dans *Zadig*, de Voltaire, qui, en 1747, avait repris le thème de la « matrone d'Ephèse » d'après le conte chinois, rapporté par le Père Du Halde. Peut-être aussi avaient-ils été surpris de la structure de cette « comédie » en deux actes, qui se jouait en comédie jusqu'à la scène 7 de l'acte II, puis faisait place à des danses chinoises et à un ballet « figuré », pour se terminer en comédie. Ils n'avaient sans doute pas non plus saisi, au milieu d'une sensiblerie tout à fait conforme à l'expression des sentiments au XVIIIe siècle[12], le « ridicule » de l'épreuve à laquelle un mari avait cru bon de soumettre sa femme[13]; et

---

12 Voir notamment l'adjectif *sensible* aux vv. 33, 211, 303, 566.
13 Le mot *épreuve* revient plusieurs fois dans le texte: vv. 410, 429, 668, 851, et voir le vaudeville final, où le mot « épreuve » revient en refrain; et le dernier vers de la comédie (855) reprend le sous-titre: « une épreuve ridicule ». Relevons aussi « éprouver » un cœur (32, 57, 423), « stratagème » (37, 446), « manège » (747), « piège » (748).

ce ridicule avait « tué » la pièce[14]!

Lemonnier, comme il le dit dans sa Préface, écrite avant la création de la pièce, avait prévu que le public pourrait ne pas lui être aussi favorable qu'il l'avait été pour ses opéras-comiques du *Maître en droit* et du *Cadi dupé*:

> « Il est peut-être à craindre pour moi que le public, accoutumé depuis quelques années à ne voir sur le théâtre de la Comédie-Italienne que des ouvrages en musique, ne reçoive pas cette comédie avec la même indulgence que la plupart de ces jolis petits opéras-comiques, dont la musique fait quelquefois tout le prix. Mais le public est juste; il sait toujours gré à un auteur des soins qu'il prend pour varier ses amusements. »

En tout cas, les comédiens qui jouèrent *La Matrone chinoise* semblent n'avoir été pour rien dans ce demi-échec. S'il est procédé par recoupement[15], ont joué dans *La Matrone chinoise* les demoiselles Catinon et Carlin, et pour les hommes Dehesse et Lejeune. L'édition, qui fut préparée peu avant la représentation, donne: Mmes Rivière et Carlin, MM. Le Jeune et Dehesse. Il suffit de savoir que Catinon était le nom de théâtre que garda Mme Rivière, pour voir qu'il s'agit des mêmes comédiens: il n'y a pas eu de changement au dernier moment.

Ces comédiens étaient aimés du public[16]. Le texte qu'ils interprétèrent et les circonstances paraissent donc seuls responsables du peu d'attrait que le public témoigna à cette *Matrone chinoise*.

---

14 Le film français de Patrice Leconte, *Ridicule*, a, en 1996, montré qu'à cette époque particulièrement le ridicule « tuait ».

15 Les registres du Théâtre-Italien donnent, sans préciser dans quelle pièce ils ont joué, la liste de tous les comédiens des pièces représentées tel ou tel jour. Voir le fac-similé à la page 5.

16 Mme de Rivière était née Catherine Foulquier. Au théâtre, elle se faisait appeler Catinon. Elle avait débuté au Théâtre-Italien le 20 décembre 1753 dans le rôle d'Angélique de *La Mère confidente*, de Marivaux. C'était une « actrice assez médiocre, écrit d'elle Campardon, mais bonne danseuse et très jolie femme ». Elle quitta le théâtre en 1769. Dans *La Matrone chinoise*, elle joua la fausse veuve, sujet de la comédie.

Mme Carlin, née Françoise-Suzanne Foulquier, et sœur de la future Mme de Rivière, avait épousé en 1760 Charles-Antoine Bertinazzi, dit Carlin (l'Arlequin des Italiens). Elle s'était spécialisée dans les rôles de soubrettes. Elle quitta la Comédie-Italienne après 1769. Dans *La Matrone chinoise*, elle tenait le rôle de la suivante de la veuve.

Le thème de la « matrone d'éphèse »

Avant que le reprenne Lemonnier, le thème de la « Matrone d'Éphèse » a connu, parmi maintes versions, trois principaux développements.
I. Ce thème a pour point de départ, dans la littérature occidentale, l'histoire rapportée par l'écrivain latin Pétrone, dans son roman, en prose, écrit sous le règne de Néron, *Le Satiricon*[17]. Au cours de l'une des péripéties du roman, pour animer un débat sur la légèreté des femmes, « sur leur facilité à s'amouracher, sur leur promptitude à oublier jusqu'à leurs fils pour leurs amants », et pour montrer qu' « il n'y avait point de femme, si prude fût-elle, qu'une passion nouvelle ne pût égarer jusqu'à la fureur », un des personnages du roman, Eumolpe, rapportait « une histoire arrivée de son temps »; c'est le « conte » bien connu de la Matrone d'Éphèse[18]: une femme, renommée pour sa vertu, se trouva subitement veuve. Elle accompagna la dépouille de son mari jusqu'à son caveau. Et là, elle ne voulut plus quitter le lieu, pleurant son mari jour et nuit, et ne se nourrissant même plus. Dans le même temps, le gouverneur de la province fit mettre en

---

Dehesse (Jean-Baptiste), dit aussi Deshayes (1705–1779), était entré au Théâtre-Italien le 2 décembre 1734 pour jouer les valets; et dans *La Matrone chinoise*, il a encore le rôle d'un valet. Excellent danseur, il composa pour le Théâtre-Italien un grand nombre de ballets (Brenner en a répertorié plus de soixante, dont *L'Opérateur chinois*, 1748, et *Les Noces chinoises*, 1756). Il interpréta de nombreuses fois Marivaux, et fut notamment le Dubois des *Fausses Confidences*. Il se retira du théâtre en 1769.

Le Jeune, ou Lejeune (Jean-François), débuta à la Comédie-Française en 1753 par le rôle d'Egisthe de la tragédie de Voltaire, *Mérope*. Puis, après avoir joué à Bruxelles, il entra au Théâtre-Italien, où il débuta le 16 janvier 1760, dans le rôle de l'amoureux des *Talents à la mode*, comédie de Boissy (1739). Il fut le Prince du *Caprice amoureux, ou Ninette à la cour*, comédie de Favart (1755, 1756). De là sans doute son rôle de Zimar, le mari amoureux de *La Matrone chinoise*. Il mourut prématurément en 1769. — Documentation: Gustave Attinger, Clarence Brenner et Émile Campardon (voir Bibliographie: sur le théâtre au XVIIIe siècle).

17 À la même époque, le fabuliste latin Phèdre traita aussi le sujet (titre adopté en traduction: « La Veuve et le Soldat » ou « La Veuve d'Éphèse »). En fait, il se contenta de 31 vers pour résumer l'histoire. Il a longtemps été admis que les deux écrivains étaient partis d'une même source: les « fables milésiennes », recueillies par Aristide de Milet au IIe siècle avant l'ère chrétienne. Mais il semble avoir été montré depuis (Léon Hermann, *Bulletin de l'Association Guillaume Budé*, janvier 1927), que le récit de Pétrone était de peu antérieur à la fable de Phèdre, et même qu'il en était la source. Je m'en tiens donc au seul Pétrone.

18 Voir le texte reproduit ici en traduction dans la Documentation thématique.

croix des brigands, tout près du caveau où se tenait la veuve éplorée. La nuit qui suivit l'exécution, un jeune soldat, chargé de garder les croix des suppliciés, entendit les gémissements de la veuve. Après maintes tentatives, il parvint à la persuader de prendre quelque nourriture. Puis il réussit à gagner sa confiance, à la consoler, et. . . à lui faire perdre sa vertu: oublié, le mari, et sur le lieu même de sa sépulture!

Le thème fut repris tel quel, pendant des siècles, notamment en 1682 par La Fontaine, dans un conte en vers, *La Matrone d'Éphèse*. Et ce sont les deux premiers vers de ce conte que Lemonnier choisit pour exergue.

II. Un jésuite français, le Père Du Halde (1674–1743), ancien secrétaire du Père Le Tellier, confesseur de Louis XIV, publia les témoignages et les récits de jésuites missionnaires en Extrême-Orient, dans une *Description géographique, historique, chronologique, politique et physique de l'empire de la Chine et de la Tartarie chinoise* (Paris, 1735). Au tome III, il reprit le texte d'une histoire chinoise, traduite en français par un autre jésuite, le Père d'Entrecolles, troisième supérieur général de la Mission française en Chine de 1706 à 1719[19]. Cette histoire relatait à son tour un exemple de l'infidélité d'une veuve, qui se prétendait jusque-là inconsolable. Le problème est de savoir d'où et de qui le Père d'Entrecolles tenait ce conte et quelle en était l'origine.

L'origine du conte chinois ne repose actuellement que sur des hypothèses, à part l'écrit du célèbre philosophe taoïste Tchouang-Tsé (ou Tseu) (IVe siècle avant J.-C.). Après quoi, et à travers les siècles,

---

19 Mme Yves de Thomaz de Bossierre a montré qu'il faudrait écrire Dentrecolles, comme d'ailleurs il signait lui-même son nom (*François-Xavier Dentrecolles et l'apport de la Chine à l'Europe du XVIIIe siècle*, Paris, Les Belles Lettres, 1982, p. 1, note 1); mais j'ai pensé pouvoir garder l'orthographe usuelle. Le Père d'Entrecolles passa 42 ans dans la Mission française en Chine. Il mourut à Pékin en 1741, âgé d'environ 79 ans. Sur sa biographie, voir aussi le livre déjà ancien mais précieux de Louis Pfister, *Notices biographiques et bibliographiques de tous les membres de la Compagnie de Jésus qui ont vécu en Chine pour y prêcher l'Évangile*, Chang-Hai, 1868–1875, pp. 538–549. La Bibliothèque nationale de France, ms. fr. 19 536, possède le manuscrit du Père d'Entrecolles, envoyé au Père Du Halde, *Traductions d'histoires chinoises*, où il rapporte l'histoire de la matrone chinoise: le texte de ce manuscrit a été corrigé à l'encre en maints endroits, lignes rayées, mots corrigés, sans doute par le Père Du Halde lui-même, puisque ces corrections correspondent au texte publié par ce dernier. Il devait s'agir de rendre le texte plus accessible au public français.

le conte est repris d'abord dans des récits oraux, puis dans des récits publiés en langue vulgaire, et par la suite par le théâtre chinois. Il faut renvoyer ici au lettré chinois Feng Menglong (1574–1646), auteur, compilateur et éditeur, qui publia trois recueils de contes (1621–1627), adaptés ou réécrits[20]. Le conte de la matrone chinoise se trouve dans le recueil II de Feng, et c'est ce conte qui a été traduit par le Père d'Entrecolles.

Nous ne possédons aucun texte antérieur à celui de Feng. Il convient donc de s'en tenir aujourd'hui au conte du Père d'Entrecolles, repris par Du Halde avec quelques aménagements[21].

L'histoire publiée par le Père Du Halde s'étendait sur quinze pages, mêlée de considérations et d'observations. Il s'agissait d'un épisode de la vie du philosophe Tchouang-Tsé. Celui-ci avait beaucoup voyagé et se maria trois fois. Et c'est sa troisième femme qui était l'occasion du conte rapporté. Voici le résumé de ce conte[22]:

> Tchouang-Tsé surprit un jour une jeune veuve près du sépulcre de son mari, tenant à la main un éventail blanc, dont elle éventait sans cesse la terre autour du tombeau. Elle s'en expliqua: comme son mari, avant de mourir, lui avait fait jurer qu'elle ne pourrait se remarier que lorsque la terre mouillée qui entourait le tombeau, serait entièrement asséchée, elle éventait la terre pour en dissiper l'humidité. Tchouan-Tsé lui proposa de l'aider; et il réussit à coups d'éventail à assécher la terre. Pour le remercier, la jeune veuve lui fit cadeau de l'éventail.
>
> Il revint auprès de sa femme. Celle-ci fut surprise de le voir avec l'éventail. Et il lui raconta ce qu'il venait de voir et faire.
>
> La femme de Tchouang-Tsé chargea la jeune veuve de « mille malédictions », et fit serment à son mari que s'il venait à mourir, elle ne se remarierait jamais.
>
> Peu après, le philosophe tomba malade et passa pour mort.
>
> Sa veuve parut inconsolable, jusqu'à ce que paraisse « un jeune bachelier » du nom de Ouang-Sun, « bien fait », « d'un teint brillant » et fort « galant ». Il était venu, pensant pouvoir suivre l'enseignement de Tchouang-Tsé et devenir son disciple. La veuve fut aussitôt sensible à sa jeunesse et à sa beauté. Et elle

---

20 *Spectacles curieux d'aujourd'hui et d'autrefois (Jingu qiguan)*, texte traduit, présenté et annoté par Rainier Lanselle, Paris, Gallimard, collection « La Pléiade », 1996, pp. XXIV-XXVIII.

21 Voir ci-dessus note 19.

22 Voir l'essentiel en extraits dans la Documentation thématique.

chercha à le retenir, puis à le conquérir, levant tour à tour les obstacles qu'opposait le jeune homme. Ainsi, le corps du mari, qui, suivant les coutumes chinoises, devait rester exposé quelque temps dans une salle de la maison, fut éloigné et transporté dans un coin d'une vieille masure. Et elle prépara ses nouvelles noces.

Les noces terminées, Ouang-Sun fut pris d'un mal étrange, qui semblait devoir lui être fatal. Son domestique apprit alors à la nouvelle mariée que si l'on faisait avaler à son maître un peu de la cervelle d'un homme récemment mort, il serait remis sur pied. La femme n'hésita pas: avec une hache, elle alla ouvrir le cercueil de son mari. Mais, à sa grande stupéfaction, Tchouang-Tsé, qui n'était qu'apparemment mort, se remua et sortit aussitôt de son cercueil. Il regagna son appartement et ne comprit pas l'atmosphère de joie qui y régnait. Sa « veuve » eut beau trouver des subterfuges, rien n'y fit: ses « intrigues » furent découvertes. Et, de honte, elle alla se pendre à une poutre.

Avec le récit rapporté par le Père Du Halde, le thème de la veuve éplorée et vite consolée s'est étoffé, mais en même temps le conte chinois s'est légèrement modifié pour sauvegarder l'image favorable de la Chine.

Vingt ans plus tard, ce récit fut repris, et presque mot pour mot, par Fréron, dans son *Journal étranger* (décembre 1755). Il y ajouta des commentaires et montra, avec un certain « enthousiasme » la supériorité du conte de la « matrone chinoise » sur celui de la « matrone d'Éphèse »[23].

III. Pour un des premiers épisodes de *Zadig* (1747), Voltaire s'inspira et de la matrone d'Éphèse, de Pétrone, et surtout du conte chinois rapporté par le Père Du Halde. Tout en gardant la forme telle qu'elle était dans l'œuvre de l'écrivain latin (récit bref, descriptions et études succinctes), Voltaire suivit d'assez près le contenu du conte chinois: l'épisode de la veuve à l'éventail, l'épreuve imposée à l'insu de l'épouse par le mari qui feint la mort, et ce dernier vite amené à constater que la fidélité des femmes est une vertu éphémère.

Un élément nouveau intervient: Zadig, le mari de la belle Azora, afin de tester la vertu de sa femme, prend pour complice un jeune ami, Cador[24].

23 Voir la Documentation thématique.
24 Voir le texte in extenso dans la Documentation thématique.

Au cours d'une absence d'Azora, Zadig se fit passer pour mort. Et c'est ainsi que, lorsqu'elle revint chez elle, elle apprit que son mari était décédé subitement et qu'il avait été enseveli dans le jardin. Elle pleura et jura de mourir à son tour. Mais Cador, jouant son jeu, vint la consoler. Et peu à peu elle pleura moins. Cador feignit alors d'avoir un mal de rate violent et déclara qu'il ne pourrait guérir que si lui était appliqué sur le côté le nez d'un homme mort depuis peu. La jeune femme n'hésita pas, prit un rasoir, alla au jardin et s'approcha de son mari défunt pour lui couper le nez. Zadig, faux mort, se protégea et s'empara du rasoir. À la suite de quoi, il répudia Azora et chercha désormais « son bonheur dans l'étude de la nature ».

De Pétrone à Voltaire, on est ainsi passé, d'une part, du mari réellement mort au mari qui n'est qu'apparemment mort, une mort feinte; et de l'autre, de l'amant occasionnel à un amant complice du mari. Dans Pétrone, l'union de la veuve et de l'amant est consommée. Dans le conte chinois et dans *Zadig*, il ne l'est pas.

Lemonnier innove en retournant partiellement au conte chinois: le vieux mari et le jeune amant seront la même personne grâce à un habile travestissement et non pas par effet magique. Un tableau schématique (voir pp. 16–17) éclairera le lecteur sur les différentes formes évolutives de la matrone d'Éphèse à la matrone chinoise (le signe + marque la présence d'un élément dans telle ou telle version, le signe — l'absence de cet élément, et la flèche → sa reprise intégrale; l'astérisque ★ donne une précision supplémentaire sur la transposition dans la reprise d'un élément).

Originalité de *La Matrone chinoise*

L'originalité de la comédie de Lemonnier vient et de la façon dont il traita le thème et de la structure de la pièce.

Comme il s'en explique dans sa Préface, Lemonnier est parti essentiellement de la version chinoise du conte, telle qu'il l'avait lue dans le *Journal étranger* de Fréron (1755).

Il avait l'exemple de quelques auteurs dramatiques contemporains qui, en mettant sur le théâtre le conte rapporté par Pétrone, n'avaient guère obtenu de succès, notamment Houdar de La Motte, avec sa *Matrone d'Éphèse*, comédie en un acte et en prose, représentée au Théâtre-Français en 1702 (elle ne fut jouée que cette année-là: 9

représentations)[25].

Au siècle des Lumières, alors que les femmes ouvraient leurs salons aux philosophes, leur influence dans la vie littéraire et dans les salons est considérable. « Ce sont elles, souligne Roger Picard, qui lancent les œuvres et les écrivains ». Faut-il rappeler que c'est à Mme de Lambert, Mme de Tencin, Mme du Deffand, à Mme Geoffrin et à Mlle de Lespinasse qu'un grand nombre d'écrivains du XVIIIe siècle ont dû d'être élus à l'Académie française?[26]

Dès lors, pour un écrivain, il n'était pas très habile ou prudent de « hasarder » une pièce « contre les femmes ». C'est pourquoi, sans doute, Lemonnier modifia les données du thème: la femme veuve n'est plus qu'apparemment infidèle, puisqu'elle ne succombe au charme d'un jeune amant qu'après maintes résistances, et parce que celui-ci lui rappelle étrangement les traits de son mari défunt. Et comment aurait-elle pu résister, puisqu'elle était, et délibérément, l'objet d'un subterfuge, d'une « épreuve ridicule » (sous-titre de la pièce)? Zimar, qui aimait sa femme, voulait savoir s'il était aimé pour lui-même: il l'a épousée en se donnant l'apparence d'un vieillard; et c'est lui, sous le nom emprunté de Zamny, qui reparaît pour conquérir Fanny, en reprenant ses traits de jeune homme.

Pour minimiser encore la « faute » de Fanny, Lemonnier lui donne une servante qui s'interpose pour conduire sa maîtresse et « décider ses volontés chancelantes ». Elle lui fait quitter son habit de deuil, mettre du rouge, porter des bijoux, et enfin enlever le cercueil qui est toujours là présent devant leurs yeux et lui rappelle constamment le souvenir du mari.

Rôle important aussi du valet: c'est lui qui se charge de décorer la salle de fête pour le mariage et qui, au moment où l'amant est en proie

---

25 Quand Lemonnier écrit sa pièce, La Motte n'était plus connu au théâtre que par sa tragédie d'*Inès de Castro* (1723) et par sa comédie du *Magnifique* (1731), deux pièces que les Comédiens-Français jouaient encore en 1760–1762. — Ajoutons pour le XVIIIe siècle et postérieure à la comédie de La Motte, *La Matrone d'Éphèse*, de Fuzelier, pièce en 2 actes et en vers (Foire Saint-Germain, en 1714 et Foire Saint-Laurent, en 1716).

26 Roger Picard, *Les Salons littéraires et la société française (1610–1789)*, New York, Brentano's, 1943, p. 155; pour l'influence et l'apport dans la vie littéraire et sociale du XVIIIe siècle de Mme de Lambert, Mme de Tencin, Mme Geoffrin, Mme du Deffand, Mlle de Lespinasse, Mme d'Epinay, entre autres, voir la IIe partie du livre, mais aussi Serge Grand, *Ces bonnes femmes du XVIIIe siècle. Flâneries à travers les salons littéraires*, Paris, Pierre Horay, 1985; et Jacquelin Hellegouarc'h, *L'Esprit de société. Cercles et « salons » parisiens au XVIIIe siècle*, Paris, éd.Garnier, 2000.

à une feinte crise mortelle, pousse la veuve à aller chercher dans le cercueil du mari la bague magique qui sauvera l'amant.

On retrouve là, comme dans de nombreuses comédies du XVIIe et du XVIIIe siècle, l'influence des valets et des servantes, qui mènent le jeu auprès de leurs maîtres et maîtresses. On retrouve là aussi, avec le double jeu du mari, le rôle si important des travestissements dans le théâtre des XVIIe et XVIIIe siècles, et particulièrement au Théâtre-Italien[27].

Ajoutons que, suivant une tradition bien établie au XVIIe siècle, Lemonnier a donné à ses Chinois des noms qui n'éloignaient pas le public français du répertoire traditionnel: il a adopté des noms empruntés peut-être au théâtre de Voltaire, comme Octar et Zulime. Le z prédomine: Zamny, Zimar, Zulime; cette lettre à consonance exotique donnait aux noms « une couleur orientale conventionnelle »[28]. Et comment ne pas évoquer le *Zadig* de Voltaire? Mais pour le personnage principal, la veuve, Lemonnier a opté pour un nom européen, Fanny[29].

Où Lemonnier semble s'être trompé, c'est qu'en choisissant la version chinoise de la Matrone d'Éphèse, il a cru bon, non pas de respecter en tout le décor et les personnages exotiques, mais d'en rajouter en introduisant dans sa pièce une troupe de danseuses et de danseurs chinois.

Certes, la Chine avait été à la mode. Évoquons entre autres ce qui concerne le textile (tentures, tapisseries, broderies, tissus), la céramique, avec toutes les porcelaines de Chine qui avaient envahi les riches demeures; évoquons aussi la marqueterie (et, bien sûr, le célèbre « cabinet » en laque rouge de Mme de Pompadour) et tous les petits

---

27 Voir Georges Forestier, *Esthétique de l'identité dans le théâtre français (1560–1680): le déguisement et ses avatars*, Genève, Droz, 1988. Pour le XVIIIe siècle, je renvoie entre autres au théâtre de Marivaux.

28 Laurent Versini, « De quelques noms de personnages dans le roman du XVIIIe siècle », dans *Revue d'histoire littéraire de la France*, 1961, n° 2, p. 185.

29 Et comme il sera dit pour le vaudeville final, ses personnages chinois chantaient à la fin les vertus d'une Chloé et d'une Églé, noms grecs familiers à la poésie galante française. Pour la Chine transposée sur la scène en France au XVIIIe siècle, voir l'article de Pierre Peyronnet, « C'est pour rire. . ., ou la Chine sur le théâtre français au XVIIIe siècle », dans *Orientales*, études réunies par Roland Bonnel, *Dalhousie French Studies*, été 1998, vol. 43, pp. 119–129. Peyonnet a relevé, avec juste raison, la touche chinoise des costumes dans Lemonnier. Ainsi la veuve est vêtue d'une robe blanche, le blanc étant, précise Lemonnier, la marque du « grand deuil des dames chinoises » (acte I, sc. 4).

	Pétrone (conte)	Conte chinois
personnages principaux	1) la veuve 2) le mari (un personnage mort qui ne survit que dans les mémoires) 3) l'amant (un soldat)	1) la soi-disant veuve (Dame Tien, l'épouse du philosophe) 2) le mari (Tchouang-Tsé, un philosophe ayant un certain âge) 3) l'amant (Ouang-Sun, un jeune noble et le soi-disant disciple du mari) * 2) et 3) sont la même personne
personnages secondaires	1) — 2) — 3) une jeune servante	1) la veuve à l'éventail 2) un vieux valet 3) —
épisode de la veuve à l'éventail	—	+ (relaté à un premier niveau par le narrateur, et au second niveau, d'abord par le philosophe, puis par sa femme)
épisode de la mort feinte du mari	—	+
usage de la magie	—	1) dessécher la terre à coups d'éventail 2) mari et amant (même personne) paraissant chacun tour à tour âgé et jeune grâce à la magie
obstacles empêchant l'union des amants	la disparition du cadavre d'un criminel crucifié	1) l'amant prétend être un disciple du « défunt » mari 2) la présence du cercueil dans la salle 3) le complexe d'infériorité de l'amant à l'égard du « défunt » mari 4) le manque d'argent pour les présents et le festin de noce
remède pour sauver l'amant	le cadavre du mari	la cervelle du « défunt » mari, remède curatif
fin de l'histoire	la veuve sacrifie le cadavre de son mari pour sauver l'amant	la veuve s'est suicidée

Père Du Halde	Voltaire (conte)	Lemonnier (théâtre)
→	1) + (Azorat, l'épouse de Zadig) 2) + (Zadig, un jeune homme) 3) + (Cador, le complice du mari)	1) + (Fanny, l'épouse de Zimar) 2) + (Zimar, un jeune homme déguisé en vieillard, avant de se marier) 3) + (Zamny, un jeune noble et soi-disant disciple du mari)
⋆ 2) et 3): imprécision	⋆ 2) et 3) sont deux personnes distinctes	⋆ 2) et 3) sont la même personne
→	1) + (personnage qui n'existe qu'à travers le récit d'Azorat) 2) — 3) —	1) + (personnage qui n'existe qu'à travers le récit d'Octar) 2) + (Octar, un jeune valet) 3) + (Zulime, une jeune servante)
→	+ (rapporté directement par Azorat à Zadig)	+ (rapporté postérieurement par le valet à la servante)
+	+	+
1) + 2) imprécision	1) — 2) —	1) + 2) —
→	—	1) + 2) + 3) — 4) + 5) l'amant craint le jugement des autres
→	le nez du « défunt » mari	la bague magique du « défunt » mari
→	la veuve est répudiée	la veuve se repent et son mari lui pardonne

objets d'art relevant de la taille de l'ivoire et des travaux d'orfèvrerie[30].

Le théâtre n'était pas en reste: il mettait souvent en scène des personnages chinois, et la liste serait longue de toutes les pièces « chinoises », de toutes les danses et de tous les ballets chinois et particulièrement au Théâtre-Italien. Dehesse, qui interpréta le rôle d'Octar, valet de Zamny, avait lui-même écrit un ballet-pantomime intitulé *Les Noces chinoises*, créé le 18 mars 1756, pour accompagner une comédie en un acte et en vers libres de Favart, *Les Chinois*. Jusqu'en 1764, l'année qui précéda la création de *La Matrone chinoise*, la comédie des *Chinois* et le ballet des *Noces chinoises* avaient été régulièrement joués sur la scène des Italiens (d'abord jusqu'en décembre 1760, puis repris en janvier 1764). Ce succès a pu donner à Lemonnier l'idée d'utiliser ces danseurs chinois pour sa *Matrone*.

Mais la structure de sa comédie en devenait assez complexe. D'abord, le découpage des scènes en fonction de la presque obligation de respecter les unités de temps et de lieu (l'appartement d'une maison de campagne, avec vue sur l'extérieur). Puis, faire passer les descriptions des lieux dans le décor. Enfin, le souci d'effacer dans une comédie ce qui pourrait relever d'un art macabre.

De comédie au point de départ, elle passait à la fin à une « comédie-ballet », comme l'indique d'ailleurs le titre de la pièce imprimée.

Durant le Ier acte, nous avons un acte traditionnel de petite comédie, avec exposition, puis mise en place et début de l'« action ». Le second acte reprend le lieu scénique du Ier acte: l'appartement de Fanny, mais sans le lit réservé au mort. On est passé d'un lieu de deuil à un lieu de joie. Cet appartement est maintenant « galamment décoré et préparé pour une fête ». Et des scènes de comédie reprennent jusqu'à la scène 7. La comédie proprement dite alors s'arrête pour faire place à une comédie-ballet et à une pantomime. Le fond de la scène « s'ouvre et laisse voir les jardins éclairés. Une foule de danseuses et de danseurs chinois entrent (. . .) en dansant, (. . .) conduits par l'Amour ». Et ce sont des chants, et un ballet qui retrace avec un Berger et une Bergère l'« aventure » même de Fanny (scène 7): l'action est rompue. La comédie continue ensuite, avec un coup de théâtre (pour Fanny, mais non pour le public): Zimar a repris vie et retrouvé sa jeunesse. Finalement tout s'arrange, avec les explications du prétendu Zamny

---

30 Concernant l'influence de la Chine sur les arts du XVIIIe siècle en Europe, les études sont abondantes, citons particulièrement l'œuvre de Madeleine Jarry, *Chinoiseries: le rayonnement du goût chinois sur les arts décoratifs des XVIIe et XVIIIe siècles*, Fribourg-Paris, Office du livre-Vilo, 1981.

et le repentir de Fanny. Et, conformément aux traditions du théâtre classique, l'union du valet et de la soubrette est annoncée pour compléter la fête des retrouvailles. On danse; et c'est le vaudeville final. Une comédie à l'italienne avec le travestissement d'un des principaux personnages, une comédie « exotique » (les personnages étaient habillés comme à l'époque on imaginait les Chinois, et les danseurs chinois étaient là pour rappeler le lieu de l'action, même si intervenait le dieu de l'Amour), une comédie-ballet au cours du second acte. Comment dès lors définir cette pièce?[31] Sur un thème bien connu, le public n'avait droit qu'à une pièce hybride. Il faut préciser que depuis sa réunion avec l'Opéra-Comique de la Foire (1762) le Théâtre-Italien devait souvent poser des problèmes à son directeur. Il fallait parer au plus pressé et ménager un public friand de pièces italiennes, mais aussi d'opéras-comiques.

Pour la musique, le public de *La Matrone chinoise* dut se contenter, et seulement au second acte, d'une seule ariette, d'un ballet et du vaudeville final. Pas de compositeur connu. Lorsqu'il ne s'agissait pas d'un opéra-comique nettement défini ni d'une comédie mêlée d'ariettes tout au long de la pièce, les comédiens recouraient en effet, généralement et sans mention particulière, à différents « airs » et à la musique de pièces et de ballets déjà représentés au Théâtre-Italien[32].

Reste qu'à défaut de musique originale, avec *La Matrone chinoise* un opéra-comique est ébauché avec l'emploi constant de vers libres, ce qui n'est pas sans exemples.

Versification

Le premier acte compte 391 vers, le second 509 vers, avec inclus dans la scène 7 une ariette de 8 vers et, après la scène 12 et dernière, un vaudeville de 45 vers.

Les vers libres supposent d'abord des mètres variés qui s'entremêlent:

---

31 La définition des genres aux XVIIIᵉ siècle posent de nombreux problèmes. Une pièce avec chants et musique relève d'une façon générale de ce qu'il était convenu d'appeler l'opéra-comique. Voir à ce sujet l'article de Manuel Couvreur et Philippe Vendrix, « Les enjeux théoriques de l'Opéra-Comique », dans *L'Opéra-Comique en France au XVIIIᵉ siècle*, Liège, Mardaga, 1992.

32 D'Origny, *Annales du Théâtre-Italien*, t. II, p.58 (pour l'année 1768).

I. L'alexandrin: 287 dans le Ier acte, soit isolés, soit groupés par 2, 3, 4, 5, 6, 7, jusqu'à 14 (vv. 29–42, 45–58, 105–118, 135–148); 326 dans le second acte, là encore soit isolés, soit groupés par 2, 3, 4, 5, jusqu'à 15 (vv. 599–613: tirade), 17 (vv.566–582: dialogue) et 19 (vv. 731–749: deux tirades); soit au total 612 vers, près des deux tiers du texte.

II. Le décasyllabe: 32 dans le Ier acte, le plus souvent isolés, mais aussi groupés par 2 (vv. 203–204, 339–340); 38 dans le second, là encore isolés (sauf vv. 394–395, 640–641 et 782–783), et généralement couplés avec un octosyllabe.

III. Enfin l'octosyllabe: 68 dans le Ier acte, isolés ou par 2 (deux fois groupés par 3: vv. 73–75, 185–187); 90 dans le second acte, isolés ou par 2 (cinq fois groupés par 3: 419–421, 448–450, 499–501, 753–755, 853–855). Quelques vers de 7 syllabes qui, pour certains, pourraient facilement être rétablis en octosyllabes (vv. 192–193, 306, 311, 543, 591). L'ariette des vv. 669–676 comprend deux groupes de 10, 8, 8, 8; et le vaudeville final cinq couplets de 9 vers, de 8, 8, 10, 10, 10, 4, 3, 8, 8.

Ces vers sont disposés de façon très variée, les alexandrins (12), les décasyllabes (10) et les octosyllabes (8) entrant ensemble dans des systèmes divers, compliqués, et apparemment le seul produit de la commodité du moment, avec le souci de respecter le plus possible le texte du conte chinois: en quelque sorte une « prose rimée ». Avant de dresser la liste de ces « systèmes », un exemple avec la seconde partie de la tirade de Zamny et le premier vers de la réplique d'Octar (vv. 40–50): 40–42 (12), 43 (8), 44 (10), 45–50 (12), rimés en: *aabcbcbccbc*.

La disposition des systèmes peut être envisagée de plusieurs façons. Celle qui va suivre n'est qu'une proposition.

D'abord, relevons les rimes plates ou suivies: *aa bb cc dd* (comme vv. 17–24). Le plus souvent, et pour exemples, en ne considérant que le Ier acte, ces rimes plates sont groupées par 2 vers (60–61, 126–127, 160–161, etc.); mais aussi par 4 (87–90, 96–99, 152–155, etc.), par 6 (283–288), par 8 (17–24, 66–73), par 12 (30–41), par 14 (332–345: dialogue), par 16 (132–147: dialogue), et même par 18 (104–121: dialogue). Au total des deux actes, 48 groupes de rimes suivies, isolées des systèmes décrits ci-dessous, totalisant 124 vers pour le Ier acte et 96 pour le second.

Systèmes divers:

Quatrains *abab* (rimes croisées): vv. 128–131, 148–151, 156–159, 162–165, 263–266, 275–278, 289–292, 322–325, 353–356, 370–373, 392–395, 398–401, 418–421, 429–432, 450–453, 475–478, 496–499, 522–525, 528–531, 532–535, 536–539, 546–549, 588–591, 599–602, 826–829, 852–855. Notons deux quatrains couplés *abab abab*: vv. 698–705.

Quatrains *abba* (rimes embrassées): vv. 56–59, 62–65, 79–82, 83–86, 100–103, 122–125, 166–169, 175–178, 217–220, 250–253, 279–282, 366–369, 388–391, 444–447, 552–555, 576–579, 580–583, 647–650, 677–680, 690–693, 694–697, 710–713, 725–728, 793–796, 814–817.

Groupes de 5: *aabab* (74–78, 402–406, 561–565); *aabba* (460–464, 513–517, 762–766); *abaab* (346–350, 407–411); *ababa* (7–11, 170–174, 256–260, 556–560, 594–598); *ababb* (12–16, 293–297); *abbaa* (25–29, 51–55, 91–95, 243–247, 470–474, 685–689, 775–779, 797–801); *abbab* (465–469, 780–784).

Groupes de 6 (sizains): *aababa* (663–668); *aabbaa* (326–331); *aabbab* (1–6, 566–571); *aabcbc* (211–216); *ababab* (233–238, 269–274, 412–417); *ababba* (205–210); *abbaab* (500–505, 842–847); *abbaba* (314–319).

Groupes de 7 (septains): *abaabaa* (506–512); *abababa* (433–439); *ababbab* (374–380); *ababcbc* (359–365, 629–635); *ababccb* (381–387); *abbabab* (422–428); *abbacbc* (485–491); *abbacca* (622–628, 636–642).

Groupes de 8 (huitains): *aabababb* (197–204); *aababbab* (818–825); *aababcbc* (651–658); *abaabbaa* (785–792); *abababab* (834–841); *abbaacca* (767–774); *abbacbcc* (225–232).

Groupes de 9: *aabbabaab* (716–724); *ababababb* (42–50); *ababbabab* (749–757).

Groupes de 12: *aabaababbaba* (733–744); *ababababaabba* (802–813).

Groupes complexes: *aabbabccacdcddcc* (181–196); *ababbcbcbbdbdede* (298–313); *aabbaabbaccaccacc* (603–619).

Ariette (669–676): *abba cdcd*.

Vaudeville final (dans chacun des cinq couplets de 9 vers, le 6ᵉ vers est toujours: « Est-ce une preuve? » et le dernier vers se termine par le mot « épreuve »): *ababb cddc, efeff cffc, ghghh cddc, ijijj cddc, klkll cffc*.

Comme dans les opéras-comiques du Théâtre-Italien, les rimes sont souvent faibles: le « genre » le permettait. Et il est inutile d'insister. Relevons seulement des rimes comme *main — hymen* (163 et 165) et *donc — non* (344–345; et encore 508–509).

Ne parlons pas non plus des licences poétiques en usage dans la versification classique. Certaines seront signalées ci-après pour l'orthographe dans Présentation du texte.

Pour le compte des syllabes, notons, et toujours conformément à la versification classique, l'abondance des diérèses: finales en *i-ence* ou *i-ance*, comme dans sci-ence (130), pati-ence (363), confi-ance (78); en *i-on*, comme dans occasi-on (199), cauti-on (506), réflexi-on (511), questi-on (515), uni-on (848); en *i-eux*, comme dans préci-eux (384); et encore mu-et (7), li-ens (15), inqui-et (67), réjou-isse (114), continu-a (361), initi-é (533). Sachons enfin que *hier* est monosyllabique au v. 253, mais dissyllabique ailleurs (vv. 152, 157, 181).

Présentation du texte

Il n'existe qu'une édition de *La Matrone chinoise*. La Bibliothèque nationale de France n'en possède aucun exemplaire. Mais deux exemplaires en sont conservés à la Bibliothèque de l'Arsenal à Paris (fonds Rondel: 11 468, et fonds Douay: 13 820). Un autre est à la Bibliothèque royale de Bruxelles (Faber 1548. XIII 15)[33].

Pour la page du titre, je renvoie, au début de ce livre, au fac-similé établi sur un des exemplaires de l'Arsenal. La date donnée de la première représentation y est inexacte[34].

L'édition commence, après la page du titre, pp. iij-vij, par une Préface (en caractères italiques); la p. viij, non numérotée, contient la liste des Personnages et l'Approbation. Le texte suit, pp. (1) à 63. De la page (1) à la fin, les feuillets sont paginés de A à H, et chiffrés par 4 (A et Aij, B et Bij, etc., les pages iij et iv n'étant jamais paginées). Au verso de la dernière page, sont donnés les titres des « pièces de théâtre » de la « Comédie Italienne », avec le prix de vente de ces pièces chez Hérissant[35], puis quelques titres de son catalogue de musique.

Lemonnier a mis au bas des pages de son texte quelques notes,

---

33 Un autre exemplaire est répertorié dans le Catalogue du British Museum, Londres, 1962, t. 134, p. 545 (cote: 11 738. h.23–3); et dans *The National Union Catalog* (catalogue du Congrès, U.S.A.), 1974, t. 326, p. 45, col. 2 (avec quelques notes manuscrites).

34 Voir ci-dessus, p. vii.

35 1,4 livre pour *La Matrone chinoise* (sur la page du titre: 24 sols, ce qui est l'équivalent).

signalées dans le texte par un astérisque. Elles seront reproduites telles quelles. Pour éviter des confusions avec mes propres notes, ces dernières seront signalées par un chiffre arabe et rejetées à la fin de la comédie.

Il m'a paru inutile de reproduire la pagination du texte original; mais, pour faciliter les références, j'ai numéroté les vers dans la marge de gauche.

Tout ce qui va suivre est connu des dix-huitiémistes. Je ne me permets d'insister que pour informer les étudiants chinois en langue française, qui pourraient s'intéresser à ce texte et à l'orthographe du XVIIIe siècle (voir aussi en tête du livre le fac-similé de la page 4, vv. 40–65).

Comme il était d'usage au XVIIIe siècle, l'imprimeur recourt souvent aux majuscules initiales: *Ouvrage, Roman, Théâtre, Auteur, Homme de lettres, Rois, Maître, Hymen*. J'ai rétabli la minuscule.

La ligature &, d'usage constant, est ici remplacée par *et*.

Le trait d'union est fréquent. Je l'ai supprimé où il est devenu hors d'usage, comme dans *long-temps, sur-tout, tout-à-coup, très-loin, très-léger, aussi-bien*, etc.

Accentuation:

La forme moderne a été rétablie. Ainsi a été supprimé l'accent circonflexe de *Matrône, Pétrône* (mais *Pétrone*, p. iv), *la plûpart, lû, vû, vîte*, etc. Il a été rétabli où il n'était pas imprimé, comme dans *ame, grace, coute...* De nombreux mots ont d'ailleurs l'accentuation moderne: *chaîne, conquête, empêche, entraîne, fête, fraîchement, intérêt, maîtresse, même*, etc. L'accent grave est omis par l'imprimeur dans des mots comme *lumiere, piece*, etc., ou remplacé par un accent aigu: *fidéle, légéreté, modéle, piége...* Cet accent aigu manque dans *desir*, l'accent grave dans *déja*; et « poésie » est écrit *poësie*.

Enfin, suivant l'usage actuel, j'ai accentué les voyelles majuscules initiales qui correspondent à des voyelles initiales accentuées dans les caractères minuscules.

Ponctuation:

La ponctuation du texte a été respectée le plus souvent possible; mais ont été introduites quelques virgules pour faciliter la compréhension du texte, et certains deux points (:) ont été remplacés par un point.

L'auteur, ou l'imprimeur, use fréquemment des parenthèses.

Partout où il convenait, j'ai mis la proposition parenthèse entre virgules (vv. 47, 128, 364, 688). Il fait grand usage aussi des points de suspension: .., . . ., ..., et même . . ..., la plupart sans valeur particulière (ainsi les pages 38–39, vv. 513–531, en contiennent trente, avec un surprenant: . . .*Finis.* . ..). Était-ce arbitraire ou pour préciser quel débit devait avoir l'acteur pour son texte? Dans le doute, j'ai renoncé à reproduire cette étrange écriture.

Orthographe:
L'orthographe modernisée s'imposait pour uniformiser, les graphies anciennes et modernes s'entrecroisant parfois.

N'insistons pas sur les finales des verbes en -oître pour -aître, en -ois, -oit pour -ais, -ait, graphies constantes qui ne correspondaient pas à la prononciation (vv. 21–22 et 592–593: *paroître* rime avec *maître*; v. 449: *connoître* rime avec *être*. . .). Passons aussi sur les finales en -ens, -ans, à transcrire -ents, -ants (un pluriel *équivalents* a échappé à l'imprimeur dans la Préface, p. vj).

Pour les verbes en -endre, à la 1ère et à la 2e personne de l'indicatif présent, la consonne finale du radical n'est pas transcrite: je *comprens* (530), j'*entens* (137, 333, 560; mais *qu'entends-je*, 297), je *prens* (23), je *prétens* (56), je *répons* (75) ; mais *c'est moi qui réponds*, 486), tu *rens* (142). De même à la seconde personne de l'impératif: *attens* (81, 133, 344, etc.), *prens* (363, 584). Notons en revanche: *ne ments-tu point?* au v. 554.

Seule a été conservée la désinence particulière pour la rime, par licence poétique: je l'*attend* (436, rimant avec *frappant*). Même remarque pour les verbes en -oir ou -oire: ont été gardés pour la rime, v. 159, je *voi* (rimant avec *toi*) et, v.763, je *voi* (rimant avec *effroi*); ailleurs, hors rime, on a: je *vois* (94, 262, 359, etc.). Pour l'impératif présent, retenons, hors rime, et correction a été faite, *ne croi pas* (205, alors qu'on a régulièrement: je *crois*, vv. 79, 473, etc.). Retenons aussi *fai* (364, 387), alors qu'on a, v. 399, je *fais* et v. 469, tu *fais*. En revanche, l'impératif du verbe « aller » est, hors rime, *vas* (143, 338, 388): j'ai rétabli la forme *va*.

Puisqu'il est question de licences poétiques, sachons que si l'on trouve *encor* devant consonne (79, 138, 195, 229, 331, etc.), cette forme est aussi employée, et inutilement, devant voyelle (25, 265, 429, 509, 556).

A été modernisée l'orthographe de certains mots et de certaines désinences: *appercevant* (491, 492, 496, 766: indications scéniques); *apprentif* (133, hors rime); *asyle* (287); *ayent* pour *aient* (préface);

désillant pour *dessillant* (439); *emploirois* pour *emploierais* (441); *fidelle* (770) et *infidelle* (7, les deux rimant avec *-elle*), mais *fidéle* (417, hors rime, et 611, à la rime) et *infidéle* (230, rimant également avec *-elle*); *flâmes* pour *flammes* (671); *foiblesse* (69, 437, 564, 643) et *foiblement* (306); *hazard* (167, 538, 625–626) et *hazarder* (préface); les *loix* (texte: *Loix*, 131, rimant avec *Rois*, et 570, hors rime); *plutôt*: « plus vite » (371) et *plutôt ou plûtard* (569); *quelqu'heure* (591) et *quelque soit* pour *quel que soit* (814); *rappeller* (691); *renouveller* (151); *sale* (une) pour *salle* (indication scénique de l'acte Ier); *satyre* pour *satire* (préface); *sçavoir*, verbe et substantif (préface, et 87, 539, 618; mais *savoir*, 542; le verbe conjugué est, lui, toujours en *sç-*: 29, 61, 214, 225, etc.); *tems* (138, 229, 385, 463, etc.); mais aussi *temps* (332, 364, 443), et de même *long-tems* (644, 800, 838) et *long-temps* (préface); enfin *terrein* (328).

Remerciements.

Qu'il me soit permis de remercier MM. les Professeurs Frédéric Deloffre de la Sorbonne, qui m'a beaucoup encouragée et a préfacé cette édition; André Tissier, qui m'a initiée à la versification du vers libre; et aussi Manuel Couvreur, Professeur de l'Université libre de Bruxelles, qui a facilité mes recherches à la Bibliothèque Royale de Belgique et m'a donné d'utiles conseils. Je remercie également mon parrain, le Professeur Yu Chee, qui m'a donné la possibilité de passer mes vacances universitaires en Europe; et enfin Mme Lucile Clément, Professeur de l'E.P.F.C.[36], qui a bien voulu relire mon manuscrit.

---

36 Enseignement de promotion sociale et de formation continue de l'U.L.B. et de la Chambre de Commerce.

LA MATRONE CHINOISE,
OU
L'ÉPREUVE RIDICULE,
comédie-ballet[1] en deux actes et en vers libres,

Par M. LEMONNIER.

Représentée par les Comédiens Italiens ordinaires
du Roi, le 26 décembre 1764[2].

S'il est un conte usé, commun et rebattu,
C'est celui qu'en ces vers j'accommode à ma guise.
La Fontaine, *Conte de la Matrone d'Ephèse.*

PRÉFACE

Le conte de la Matrone d'Ephèse que fait Eumolpe dans la *Satire*[3] de Pétrone, ce conte ingénieux, traduit en tant de langues, passe depuis longtemps pour le chef-d'œuvre des ouvrages en ce genre. J'ai puisé dans un fonds plus riche, plus varié, et bien différent dans l'exécution, la comédie de la *Matrone chinoise*.

On trouvera dans le *Journal étranger** le sujet du conte que j'ai mis en action.

Le Père d'Entrecolles, jésuite, en a fait une traduction[4]. M. Fréron qui nous a donné une idée de la poésie dramatique des Chinois[5], voulant nous faire connaître aussi le génie romanesque de cette nation, fit dans le style du P. d'Entrecolles les corrections qu'il jugea nécessaires pour rendre ce morceau plus vif et plus intéressant. Aussi est-il traité avec le goût, l'esprit et la précision que cet agréable écrivain met dans tous ses ouvrages.

Il y a bien de l'apparence que M. de Voltaire connaissait le conte de la Matrone chinoise quand il a fait le joli roman de *Zadig*. Le second chapitre intitulé *le Nez* est absolument la même chose que le roman asiatique[6]: les événements en sont différents à la vérité, c'est-à-dire que M. de Voltaire n'a pas voulu avoir l'air d'être copiste, mais le fonds est le même; et en comparant les deux ouvrages, on verra aisément que le sujet traité par l'auteur français n'est qu'une légère esquisse du grand tableau de l'auteur asiatique.

Mon dessein, en donnant tout le mérite de l'invention à l'auteur chinois, n'est pas de vouloir diminuer le prix d'un de nos plus jolis romans. L'immortel M. de Voltaire, le plus grand homme de lettres de notre siècle, est sans doute au-dessus de tout ce que la jalouse et basse envie a pu exhaler contre lui; et j'ose me flatter qu'il ne m'en soupçonnera pas: je suis trop son admirateur pour n'être pas son panégyriste.

Ce n'est pas sans crainte que j'ose risquer mon ouvrage, quoiqu'il soit fort différent du sujet traité par Pétrone. Le titre seul me fait trembler; je crains la prévention.

Nous avons déjà deux comédies connues de la *Matrone d'Ephèse*. Celle de M. de la Mothe[7] n'eut aucun succès. On ne lit point celle du

---

* Mois de décembre, année 1755.

B. de B. . .[8] Est-ce la faute du sujet? est-ce celle des écrivains qui l'ont traité? Ce n'est pas à moi à décider cette question; mais je ne crois pas que le conte de la Matrone d'Ephèse puisse jamais réussir au théâtre. J'en ai longtemps cherché les raisons. Les voici peut-être.

Il est peu d'hommes qui n'aient à se plaindre de l'inconstance et de la légèreté des femmes: on aime à se persuader qu'un sexe fait pour plaire joint la beauté de l'âme aux charmes de la figure. Il est des femmes, sans doute, qui réunissent ce double avantage; mais ce n'est pas le plus grand nombre; et comme on est convaincu que le tableau des mœurs d'une coquette, quelque vrai, quelque naturel qu'il soit, ne corrige pas les travers des autres coquettes, on est fâché de voir de trop près les inconséquences de leur cœur. On aurait trop à craindre peut-être de servir soi-même de modèle au tableau qu'on a sous les yeux; on rougirait par vanité d'être dupe d'un sentiment que des qualités extérieures, ou qu'un mérite apparent ont fait naître. Les femmes y perdraient leurs amants, les amants ce qu'ils appellent leur bonheur: on aime mieux siffler une pièce que de perdre une maîtresse qu'on croit aimable, parce qu'elle a la fausseté de cacher son manège adroit sous le masque d'un sentiment qu'elle déshonore: les auteurs se taisent, les femmes triomphent, la coquetterie reste; et les amants n'en sont que plus sots.

Persuadé de cette vérité, je n'ai voulu rien hasarder dans ma pièce contre les femmes. J'ai parlé plus clairement dans ma préface; mais je ne risque rien, on ne les lit point. Je reviens à mon sujet.

Fanny (c'est ma Matrone) n'est mariée que depuis près de trois mois: elle croit avoir épousé un vieillard. Depuis son mariage, je suppose qu'elle a été obligée de faire un voyage assez long, au retour duquel elle apprend la mort de son mari. Fanny est jeune, c'est-à-dire dans l'âge où l'on se console aisément d'une pareille perte; elle vit avec son amant supposé depuis dix jours; cet amant est jeune, il a de l'esprit: voilà bien des motifs de consolation.

D'ailleurs quand son manège est découvert, ce n'est pas une coquette hardie qui, secouant le joug des bienséances, éclate en reproches amers contre son mari; c'est une femme honnête et soumise dont le repentir efface les fautes (si la sienne en est une) et dont la jeunesse peut servir d'excuse à ses égarements. Égarements d'autant plus pardonnables qu'elle est entraînée et conduite dans toutes ses démarches par une soubrette qui a pris assez d'empire sur elle pour la gouverner, et décider ses volontés chancelantes.

Aussi toutes les femmes qui se reconnaîtront au portrait et à la conduite de Fanny, ne diront rien contre elle, parce que, bien loin de penser qu'elles ont presque toutes ses défauts, elles croiront n'avoir que ses vertus.

Je me suis fait une observation sur la première épreuve que tente Zimar. Comment, me suis-je dit, un homme est-il assez fou pour croire qu'il plaira à une jeune personne, en se déguisant sous les traits d'un vieillard? J'ai vu tant de traits de folie équivalents à celui-là, pour ne pas dire plus forts, et par conséquent plus ridicules, que j'ai cru pouvoir le hasarder.

Pour peu qu'on connaisse la faiblesse du cœur humain, on ne sera pas étonné du petit artifice que Zimar met en usage pour savoir s'il est aimé pour lui-même. On est jaloux d'être aimé, tout intérêt particulier à part; on doit se croire bien assuré de l'être, et de l'être pour soi, quand les grâces de la jeunesse et les charmes de la figure ne déterminent point une femme, maîtresse de ses volontés, à unir son sort au nôtre pour jamais.

J'ai changé bien des circonstances au conte. Il est dans les mains de tout le monde: on peut y voir les changements que j'y ai faits; je l'aurai peut-être défiguré, mais le public me jugera sur mon ouvrage. Je ne demande point d'indulgence pour mon travail, encore moins pour ma jeunesse. Le succès m'animera: je ferai mieux peut-être par la suite; mais la chute de mon ouvrage ne me découragera point. Les talents ont besoin d'être soutenus: c'est au public à les encourager, quand il en découvre le germe dans un auteur.

Deux de mes pièces dans un autre genre* ont réussi. Si celle-ci a le même bonheur, je ne m'en appliquerai pas moins à mériter des suffrages d'autant moins suspects que je ne les solliciterai jamais.

Il est peut-être à craindre pour moi que le public, accoutumé depuis quelques années à ne voir sur le théâtre de la Comédie-Italienne que des ouvrages en musique, ne reçoive pas cette comédie avec la même indulgence que la plupart de ces jolis petits opéras-comiques[9], dont la musique fait quelquefois tout le prix. Mais le public est juste, il sait toujours gré à un auteur des soins qu'il prend pour varier ses amusements, et ma confiance en augmente. Un bon ouvrage, de quelque genre qu'il soit, réussit malgré les efforts de la cabale; et il tombe tout à plat, malgré les protections, quand il est mauvais. En ce cas:

> Sans se flatter et sans craindre,
> Il faut attendre son sort
> Et l'apprendre sans se plaindre[10:]
> Le public n'a jamais tort.

---

* *Le Maître en droit*, et *Le Cadi dupé*, opéras-comiques.

PERSONNAGES[11]

ZIMAR, mari de Fanny, sous le nom de Zamny.	*M. Le Jeune.*
FANNY.	*Mme Rivière[12].*
ZULIME, suivante de Fanny.	*Mme Carlin.*
OCTAR, valet de Zimar.	*M. Dehesse.*

Troupe de danseuses et de danseurs chinois.

La scène est à la Chine[13] dans un appartement donnant sur les jardins de la maison de campagne de Fanny.

APPROBATION.

J'ai lu, par ordre de Monsieur le Lieutenant Général de police La Matrone chinoise, *etc., et je crois qu'on peut en permettre la représentation et l'impression. À Paris, ce 1 novembre[14] 1764.*

MARIN.

Vu l'Approbation, permis de représenter et d'imprimer. Ce 4 novembre 1764.

DE SARTINE[15].

LA MATRONE CHINOISE
OU
L'ÉPREUVE RIDICULE,
COMÉDIE.

ACTE PREMIER.

Le théâtre représente une salle: on voit dans l'enfoncement un tombeau, et une toilette[16] *sur le devant.*

SCÈNE PREMIÈRE.

ZAMNY, OCTAR

OCTAR, *suivant Zamny, qui paraît plongé*
dans une profonde rêverie.
Oui, vous aviez raison; et je commence à croire
Qu'on ne vous fera point acheter la victoire,
Que vous triompherez enfin de sa douleur.
Qu'un amant en dix jours fait bien changer un cœur!
5   Mais d'où vous vient cette humeur sombre et noire,
Quand vous touchez peut-être au moment du bonheur?
Devenez-vous muet?

ZAMNY, *sans écouter Octar.*
L'ingrate, l'infidèle!
Ah! je devais m'attendre à sa légèreté!

OCTAR
Et de qui, s'il vous plaît, parlez-vous donc?

ZAMNY
De celle
10   Que j'adore, malgré son infidélité.
O Fanny!

OCTAR

Quoi! déjà vous lui cherchez querelle?
Depuis dix jours à peine êtes-vous avec elle:
Attendez donc du moins que vous soyez époux.

ZAMNY

Sois instruit d'un secret qu'à toi seul je révèle:
15 Depuis près de trois mois les liens les plus doux
M'unissent à Fanny.

OCTAR

Comment! plaisantez-vous?

ZAMNY

Non.

OCTAR

Vous n'y pensez pas: la preuve
C'est que depuis dix jours au plus la veuve est veuve.

ZAMNY

Mais Fanny n'est point veuve, et Zimar vit encor.

OCTAR

20 Cependant il n'est bruit ici que de sa mort.

ZAMNY

Devant tes yeux tu vois Zimar paraître.

OCTAR, *regardant de tous côtés*

Moi, je ne vois ici que Zamny, que mon maître.

ZAMNY

C'est un nom que je prends pour mieux cacher le mien.

OCTAR

Et ce tombeau, que contient-il donc?

ZAMNY

Rien.

OCTAR

25 Comment rien! Voici bien encor une autre affaire.

ZAMNY

Comme tu ne me sers que depuis quelques jours,
Et que j'aurai besoin ici de ton secours,
    Il faut t'éclaircir ce mystère.
Écoute, et sois discret surtout.

OCTAR
          Je sais me taire.

ZAMNY

30 Fanny n'a jamais vu mes véritables traits:
Avant de nous unir par des nœuds pleins d'attraits,
Je voulus éprouver si malgré sa jeunesse
Son cœur serait sensible à ma seule tendresse.
Sous les traits d'un vieillard je m'offris à ses yeux;
35 Je crus plaire, et bientôt l'hymen combla mes vœux.
Heureux époux, croyant être aimé pour moi-même,
J'allais lui découvrir enfin mon stratagème;
Mais voyant à regret que Fanny chaque jour
Par son humeur légère alarmait mon amour,
40 J'ai gardé mon secret: il en coûte à ma flamme;
Mais le moment arrive où lisant dans son âme
Je pourrai m'assurer de sa fidélité.
    Fanny de retour d'un voyage,
    Vit ce tombeau par mes soins apprêté.
45 De mon trépas ici tout lui traçant l'image,
Je reviens sous mes traits, sous un nom emprunté,
Affectant d'un amant le séduisant langage,
Pénétrer dans son cœur et voir à quel usage
Fanny va consacrer enfin sa liberté.

OCTAR

50 Le projet est hardi, mais il n'est pas d'un sage;
Et je craindrais pour vous quelque revers fâcheux.

ZAMNY

Rassure-toi, ceci n'aura rien de funeste:
Connaissant mon amour, tu dois prévoir le reste.

Fanny jeune et charmante est dans cet âge heureux,
55   Où chaque objet nouveau frappe et séduit nos yeux.
Je prétends l'arracher à ce penchant volage.
C'est pour mieux l'engager que j'éprouve son cœur,
Et déjà je me livre à l'espoir enchanteur
De m'en faire aimer davantage.

OCTAR

60   Mais ce que je ne conçois point,
C'est que vous ayez su vous déguiser au point
Que Zulime et Fanny puissent vous méconnaître.

ZAMNY

Fanny m'en a parlé: je craignais ses soupçons;
Mais j'ai su lui donner de si bonnes raisons
65   Que je les ai fait disparaître.

OCTAR

En ce cas, tâchez entre nous
De paraître un peu moins inquiet, moins jaloux,
Ou vous vous trahirez.

ZAMNY

J'ai tort, je le confesse:
Je devrais laisser moins éclater ma faiblesse;
70   Mais tu m'ouvres les yeux, et j'agirai si bien
Que Fanny ne pourra me soupçonner de rien.
Brisons là. Tout est-il préparé pour la fête?

OCTAR

Oui, oui, j'ai vos projets en tête,
Zulime est dans mes intérêts,
75   Et je vous réponds du succès.

ZAMNY

Sur ce que je t'ai dit, garde un profond silence:
Que Zulime surtout ignore mes projets!

OCTAR

Je n'abuserai point de votre confiance.

ZAMNY

Chez la veuve, je crois, il n'est pas encor jour[17]?

OCTAR

80   Je n'ai vu personne paraître.

ZAMNY

Attends ici Zulime, et tâche de connaître. . .

OCTAR

Laissez-moi faire: en servant votre amour,
Je travaille aussi pour mon compte.

ZAMNY, *en sortant.*

Tu viendras m'avertir.

(Il sort.)

SCÈNE II.

OCTAR, *seul.*

Oui, voilà pour le coup
85   Un sage qui n'est pas mal fou.
En vérité n'est-ce pas une honte
D'abuser à ce point de son savoir? Ma foi,
Si je ne craignais rien dans tout ceci pour moi,
J'irais trouver Fanny. Je lui dirais. . ., que sais-je?
90   Mais je suis un grand sot: de quoi m'embarrassé-je?
Si mon maître est un fou, ma foi, tant pis pour lui.
Rien ne me manque ici: j'ai tout en abondance;
Puisque je suis si bien par son extravagance,
Faisons ce qu'à chacun je vois faire aujourd'hui:
95   Profitons sagement des sottises d'autrui,
Et ne songeons qu'à nous.
(Zulime qui entre, entend ce dernier vers.)

SCÈNE III.

ZULIME, OCTAR

ZULIME
Oui, c'est bien dit.

OCTAR
Coquine,
Tu viens surprendre ainsi les gens à la sourdine[18]?

ZULIME
Eh! que faisais-tu donc si matin en ces lieux?

OCTAR
Quand on sert un maître amoureux,
100   Crois-tu que l'on n'a qu'une affaire?
Je venais m'informer, en te faisant ma cour,
Des progrès qu'en ces lieux avait fait notre amour.
Selon toute apparence on ne tardera guère
À se rendre. . . Mais sur ce point
Je pourrais me tromper. . .

ZULIME
105   Tu ne te trompes point.
Les choses vont au mieux, grâces à mon adresse:
Je gouverne l'esprit de ma jeune maîtresse;
Et je compte avant peu, s'il faut te l'avouer,
Que Zamny de mes soins n'aura qu'à se louer.

OCTAR
110 Et nous te préparons une ample récompense.

ZULIME
Je ne te cache point que dans cette occurrence
J'agis aussi pour moi: je voudrais dès ce jour
Sortir, et pour jamais, de ce triste séjour.
Crois-tu que ce tombeau réjouisse la vue?
115 Je périrai d'ennui, si cela continue.

OCTAR

À quoi diable Zimar pensait-il en effet
De se laisser mourir?

ZULIME

Ah! Zimar a bien fait.
Que voulais-tu qu'on fît d'un époux de son âge?
D'un époux dont l'humeur sauvage. . .

OCTAR

120   Rognait sans doute vos plaisirs,
Et vous contrariait dans vos moindres désirs.
(*Il se retourne en faisant un lazzi*[19] *de peur.*)
Mais, hem!. . .

ZULIME

Qu'as-tu?

OCTAR

Rien, rien. . . J'ai cru l'entendre.

ZULIME

Qui?

OCTAR

Lui.

ZULIME

Qui, lui?

OCTAR, *affectant un air fort effrayé.*
Zimar.

ZULIME, *riant.*
Ah! ah!. . .

OCTAR

Tu ris! Ma foi,
Je ne jurerais pas qu'il ne revînt.

ZULIME

Tais-toi.
125   Va, Zimar est bien mort: laissons en paix sa cendre.
Traitons un point plus important.
Tu m'as dit que Zamny. . .

OCTAR

Écoute, mon enfant,
Car il faut qu'à nos soins ton zèle ici réponde.
Je t'ai dit que mon maître issu du sang des rois
130   Connaissait de Zimar la science profonde;
Que brûlant du désir d'apprendre à fond nos lois,
Il venait, ignorant sa triste catastrophe,
Se faire. . ., attends, se faire. . . apprenti philosophe.
Convenez pour votre repos,
135   Que disciple jamais ne vint plus à propos.

ZULIME

Je ne dis pas que non, cela pourrait bien être.
J'entends du bruit. . . Allons, sors: Fanny va paraître.
Il n'est pas temps encor de t'offrir à ses yeux.
Adieu.

OCTAR

Songe à mon maître.

ZULIME

Est-il bien généreux?
140   J'ai ce brillant de lui, mais si par mon adresse
Je lui fais obtenir la main de ma maîtresse?

OCTAR

Tu dois tout espérer, si tu le rends heureux;
En tout cas, mon enfant, va, je payerai pour deux.
(Il sort.)

SCÈNE IV.

FANNY, ZULIME

ZULIME, *à Octar qui sort.*
Garde tes dons pour toi; j'en veux d'une autre espèce.
*(Fanny paraît. Elle est vêtue d'une grande robe de
serge blanche*.)*
Fanny vient.

FANNY, *du fond du théâtre.*
145   Tout redouble en ces lieux ma tristesse.
*(Elle s'assied dans un fauteuil qui doit être placé
à peu de distance de sa toilette.)*

ZULIME
Qu'avez-vous donc?

FANNY
En proie à de cruels ennuis,
Zulime, ah! j'ai passé la plus triste des nuits.
Du jour avec regret je revois la lumière.

ZULIME
Comment? quel est donc ce discours?

FANNY
150   Ne verrai-je jamais terminer ma carrière[20]?

ZULIME
Qui peut de vos chagrins renouveler le cours?
Ne vous souvient-il plus qu'hier au soir à table
Je vous félicitais d'être enfin plus traitable?
J'ai cru que mes raisons, en calmant vos douleurs,
155   Avaient enfin tari la source de vos pleurs.

FANNY
Que veux-tu que je te réponde?

---

*   C'est le grand deuil des dames chinoises.

Hier je croyais comme toi
Qu'il fallait mettre un terme à ma douleur profonde.
Aujourd'hui, Zulime, je voi
160   Qu'il n'est plus de plaisirs, plus de bonheur pour moi.

ZULIME

Voilà ce qui vous trompe. Oui, Madame: eh! pourquoi
Vouloir pour un époux renoncer à la vie?
Vous le savez. Avant de vous donner sa main,
Zimar. . ., Zimar lui-même, au gré de son envie,
165   N'avait-il pas formé les nœuds d'un doux hymen[21]?
D'un esclavage affreux victimes que nous sommes!
Quand un heureux hasard vient nous en dégager,
Pourquoi ne pas chercher à s'en dédommager?
Avons-nous au bonheur moins de droit que les hommes?
170   Pour les plus malheureux la vie a des appas.
Croyez-moi, commencez par vivre.
Vous donneriez en vain aux femmes ici-bas
Un aussi bel exemple à suivre:
On ne vous imiterait pas.

FANNY

Ah! laisse-moi, Zulime.

ZULIME

175   Oui, changeons de langage:
Ne songeons qu'aux vivants, et laissons là les morts,
Savez-vous bien que, malgré mes efforts,
Madame, chaque instant flétrit votre visage?
Jugez-en.

FANNY, *se regardant dans son miroir.*

Juste ciel! je suis à faire peur.
180   Mais Zamny n'est donc qu'un trompeur?
Hier il me disait. . .

ZULIME

Que vous étiez charmante,
Que vous aviez l'éclat d'une rose naissante.
Il ne vous trompait pas; mais les pleurs, les regrets,
Quand on s'y livre trop, effacent les attraits

185   De la beauté la plus piquante.

FANNY
Je ne reconnais plus mes traits.

ZULIME
Si vous vouliez me laisser faire. . .

FANNY
Que ferais-tu? Voyons: il faut te satisfaire.

ZULIME, *mettant des fleurs dans les
cheveux de Fanny.*
Mais par mes soins je tâcherais
190   De rendre à vos appas leur éclat ordinaire.

FANNY, *arrangeant elle-même les fleurs que
Zulime met dans ses cheveux.*
Il faut vouloir ce que tu veux.

ZULIME
Je ne cherche qu'à vous plaire,
C'est où tendent tous mes vœux.
Voyez. . . comme ces fleurs sont bien dans vos cheveux.
195   Un peu de rouge encor vous serait nécessaire?*

FANNY, *voulant prendre le pinceau.*
Pourquoi?

ZULIME, *lui ôtant le pinceau des mains.*
Laissez, laissez, c'est mon affaire.

FANNY, *pendant que Zulime lui met du rouge.*
Dans l'état où je suis, il m'importe si peu
De plaire.

---

*   On sait que les dames chinoises mettent du rouge comme les Européennes. La
    coquetterie est de tous les temps et de tous les pays.

ZULIME

Enfin, Madame, on plaît à qui l'on peut
Quand l'occasion s'en présente.
(Zulime prend sur la toilette des boucles d'oreilles de diamants et un
collier; elle les fait briller négligemment aux yeux de Fanny.)
200   Ces brillants, de vos yeux relèveraient le feu:
Ils vous pareraient bien.

FANNY

Ah! parure innocente.

ZULIME

Les mettrai-je, Madame?

FANNY, *d'un ton de dépit et d'impatience.*
Eh! fais sans mon aveu.
En vérité je suis trop complaisante.

ZULIME

Là maintenant. . ., vous voilà ravissante.
Que le seigneur Zamny vienne. . .

FANNY, *se levant avec précipitation.*
Au moins ne crois pas,
205   Si je m'ajuste ainsi, que ce soit pour lui plaire.

ZULIME

Quelle idée! Eh! Madame, une autre en pareil cas
En aurait fait autant pour se distraire.

FANNY, *s'examinant des pieds à la tête*
devant son miroir.
D'ailleurs cette toilette est simple, est ordinaire.

ZULIME

210   Oui, sans doute. . . on est jeune, on a quelques appas.
On porte un cœur sensible; on croit. . . Enfin, Madame,
Ce n'est pas pour rien qu'on est femme.
(À Fanny qui rêve.)
Vous ne m'écoutez point?

FANNY
Zulime, en ce moment
Je pensais à Zamny.

ZULIME
Vous ne sauriez mieux faire.

FANNY
215 Je ne puis revenir de mon étonnement.

ZULIME
À quel sujet? pourquoi?

FANNY
Plus je le considère. . .

ZULIME
Eh bien. . .

FANNY
Plus de Zimar je trouve en lui les traits.

ZULIME
Ce qui vous frappe là, n'est pas chose si rare.
Dans ses productions la nature est bizarre.
220 D'ailleurs il lui ressemble, à la jeunesse près;
Et cette différence ôte ou donne un mérite
Aux maris: leur printemps ne passe que trop vite.

FANNY
Ne me rappelle point un triste souvenir.

ZULIME
Soit . . . À propos doit-il bientôt partir?
225 En savez-vous quelque nouvelle?

FANNY
Non.

ZULIME
Tenez, c'est lui-même: il porte ici ses pas.
Cachez-lui cet air d'embarras.

SCÈNE V.

FANNY, ZULIME, *sur le devant du théâtre;*
ZAMNY, OCTAR, *dans le fond.*

ZAMNY, *bas à Octar du fond du théâtre.*
C'est Fanny que je vois. Cher Octar, qu'elle est belle!

ZULIME, *bas à Fanny.*
Sachez s'il reste encor quelque temps avec vous.

ZAMNY, *bas à Octar.*
230   Pourquoi faut-il que son cœur infidèle. . .?

OCTAR, *bas Zamny.*
Encore vos soupçons jaloux?

                    ZAMNY
Ne crains rien.

OCTAR, *bas à Zamny voyant que Zulime*
leur fait signe d'avancer.
Chut! on a les yeux sur nous.

ZAMNY, *à Fanny.*
Ma présence vous importune,
Madame, et je devais[22] m'offrir moins à vos yeux.
235   Personne plus que moi ne plaint votre infortune;
Mais prêt à m'éloigner pour jamais de ces lieux,
Gémissant d'une perte à tous les deux commune,
J'ai cru devoir du moins vous faire mes adieux.
Heureux, si j'emportais l'espérance flatteuse
240   De voir calmer un jour votre douleur affreuse.

FANNY, *bas à Zulime après un profond soupir.*
Il part!

ZULIME, *bas à Fanny.*
Comment! il faut les arrêter.
(*Haut.*)
Pourquoi donc, s'il vous plaît, voulez-vous nous quitter?

FANNY, *les yeux baissés et sans regarder Zamny.*
Ces lieux sont si peu faits pour plaire,
Que je craindrais . . .

ZAMNY, *vivement.*
Ah! Madame, parlez:
245 J'y passerai mes jours. Mes vœux seraient comblés
Si ma présence ici vous était nécessaire.

OCTAR
Oui, c'est de peur de vous déplaire
Que nous prenons congé de vous.

ZULIME
Si ce n'est que cela, demeurez avec nous;
250 Vous m'aiderez peut-être à consoler Madame,
Qui malgré mes raisons veut se laisser mourir.

ZAMNY
O ciel! à quel moyen osez-vous recourir?
Hier ce projet affreux était loin de votre âme.
Je ne le vois que trop; ces tristes vêtements
255 De vos ennuis secrets sont les seuls instruments.

ZULIME
À votre place. . .

FANNY
Eh bien!

ZULIME
Dans l'état où vous êtes,
J'éclaircirais un peu tout cet attirail-là.

FANNY
Que me proposes-tu?

ZAMNY
Seule dans ces retraites. . .

ZULIME

Rien n'est plus aisé que cela:
260   Saura-t-on ce que vous y faites?

ZAMNY

Qui peut vous en blâmer?

OCTAR

Moi, je ne vois ici
Que le défunt qui puisse en prendre du souci.

FANNY

Non, vous cherchez en vain à calmer mes alarmes,
Quand le destin m'accable de ses coups.
265   Le jour peut-il encor avoir pour moi des charmes?
Je ne dois plus songer qu'à suivre mon époux.

ZAMNY, *vivement.*

Vous croyez qu'il exige un pareil sacrifice?
Non, non, à son amour rendez plus de justice:
Il serait trop cruel. Madame, au nom des Dieux,
270   Perdez cette funeste envie.
Aimé de vous, Zimar n'est-il pas trop heureux
Que de pareils regrets sa perte soit suivie?
Ce n'est que par les pleurs qu'il en coûte à vos yeux,
Que l'on doit regretter le charme de la vie.

ZULIME, *à part en regardant Octar.*

À merveilles!

FANNY

275   Zamny, je rends grâce à vos soins;
Mais dois-je vivre, hélas! quand d'un pareil spectacle
Mes yeux chaque jour sont témoins?

ZAMNY, *vivement.*

Eh! voilà ce qui met obstacle
Au bonheur de vos jours, à leur tranquillité.
280   Éloignez de vos yeux ce spectacle funeste.

FANNY
D'un époux adoré c'est tout ce qui me reste,
Et cette vue, hélas! fait ma félicité.
Éloigner ce tombeau, juste Ciel! ah! Zulime,
Le pourrais-je faire sans crime[23]?

ZULIME
285   Rien n'est moins criminel. Madame, eh! pourquoi non?
Dans un coin de cette maison
On pourrait aussi bien lui trouver un asile.

OCTAR
Le défunt à coup sûr y serait plus tranquille.

ZAMNY
Nous n'en irions pas moins tous les deux chaque jour
290   Lui témoigner par des larmes nouvelles
Et nos regrets et notre amour.

ZULIME
Et vos peines, Madame, en seraient moins cruelles.

FANNY
Laissez-moi, vos conseils ne sont plus de saison;
La mort fait ma plus chère envie.
295   Et même en ce moment j'ai plus d'une raison,
Plus d'un motif secret d'abandonner la vie.

ZAMNY, *à part.*
Qu'entends-je?

OCTAR, *bas à Zamny.*
Ferme, tenez bon.

ZAMNY
Ainsi rien ne fléchit, rien ne touche votre âme?

FANNY
Zimar m'aimait si tendrement!

ZULIME

Oui, mais il était vieux.

ZAMNY

300   Eh! pouvait-il, Madame,
Ne pas brûler pour vous d'un feu pur et constant?
Moi-même, supposez qu'il arrive un instant
Où vous puissiez combler les vœux d'un cœur sensible,
       Si j'étais un jour votre amant,
305   Pensez-vous qu'il me fût possible
       De vous aimer faiblement?
Non, non: vous inspirez, Madame, un sentiment
Plus fort que l'amitié, plus tendre que l'estime.
J'oserais à vos yeux faire ici le serment
Que jamais rien. . .
       (*Il lui baise la main.*)

FANNY

310   Zamny, vous oubliez . . .[24] Zulime,
       Je ne puis le refuser.

ZAMNY

Pardonnez ce transport. Le zèle qui m'anime,
       Auprès de vous doit m'excuser.
Je prends à vos chagrins un intérêt si tendre!
315 Que ma pitié pour vous coûte cher à mon cœur!
Entraîné malgré moi par un penchant flatteur,
       Je cherche en vain à m'en défendre:
La raison m'abandonne, et l'amour est vainqueur.

FANNY, *toute déconcertée.*

Zamny. . . Ciel! que viens-je d'entendre!

ZAMNY

Eh quoi! vous me fuyez?

FANNY, *sortant.*

320   Ne suivez point mes pas.

ZAMNY

Vous l'ordonnez en vain; je ne vous quitte pas.
       (*Il la suit et sort avec elle.*)

SCÈNE VI.

ZULIME, OCTAR

OCTAR, *courant après Fanny.*
Madame, et le tombeau qu'en ferons-nous?

ZULIME, *l'empêchant de suivre Fanny*
et le ramenant.
Pécore[25]!
Paix, paix! tais-toi. Qu'est-il besoin
D'aller la tourmenter encore?
325   Sans son consentement nous prendrons bien ce soin.
Est-il décent qu'elle-même en convienne?

OCTAR
C'est moi qui suis un sot.

ZULIME
Oh! je te crois sans peine.

OCTAR *à Zulime, d'un air mystérieux.*
Ah! çà, toi qui connais le terrain mieux que moi,
Après un tel assaut, parlons de bonne foi:
330   Penses-tu que la place tienne?

ZULIME
Votre victoire encor n'est pas certaine.

OCTAR
Non, mais enfin, avec le temps. . .

ZULIME
Oh! vos soins, mes raisons. . .

OCTAR
J'entends.
Ta maîtresse aura beau s'armer d'un vain scrupule,
335   Il faudra qu'à la fin la place capitule,
N'est-ce pas?

ZULIME

À peu près: c'est ce que nous verrons.
Nous n'en sommes pas là.

OCTAR

Non, mais nous y viendrons.
Va, je connais mon maître, et j'ai certaines preuves
De son talent pour consoler les veuves.

ZULIME, *d'un air surpris.*
Comment?

OCTAR

340   C'est un trait qui lui fait honneur. . .

ZULIME

Eh bien!. . .

OCTAR

Qui prouve son bon cœur. . .

ZULIME

Voyons. . .

OCTAR

Sa bonne foi. . .

ZULIME, *avec impatience.*
Mais finis donc de grâce.

OCTAR

Non, mais. . . c'est que. . . j'en suis. . .

ZULIME, *avec impatience.*
Ah! je quitte la place,
Puisque tu ne veux pas. . .

OCTAR, *l'arrêtant.*
Un moment, attends donc.
Tiens. . . mais. . .

ZULIME

Encor. . .

OCTAR

N'écoute-t-on pas?

ZULIME

345   Non.

OCTAR

L'aventure est unique, et neuve en son espèce.[26]
En arrivant ici, près d'un petit ruisseau,
Nous vîmes une femme en proie à la tristesse:
Un éventail en main, elle éventait sans cesse
350   L'éminence d'un superbe tombeau.
« Madame, dit Zamny la voyant hors d'haleine,
« Peut-on savoir pourquoi vous prenez tant de peine?
« Quel est ce monument? à quoi bon ce travail?
« Hélas!. . . lui dit la dame en versant quelques larmes,
355   « Et sans cesser d'agiter l'éventail,
« Vous voyez une veuve en proie à mille alarmes
      « Près du tombeau de son époux:
« On ne s'aima jamais plus tendrement que nous. »

ZULIME

Je ne vois en cela qu'une femme estimable.

OCTAR

360   Attends donc: « Mon époux me dit avant sa mort,
      Continua la veuve inconsolable,
« Si dans de nouveaux nœuds tu t'engages encor,
      « Dans ton veuvage au moins prends patience,
« Jusqu'à ce que le temps, fais pour moi cet effort,
365   « Ait pu de mon tombeau dessécher l'éminence.
« J'ai réfléchi depuis, reprit-elle en pleurant,
      « Que cette terre et battue et mouillée,
         « Et fraîchement amoncelée,
         « Ne sécherait pas aisément.
370   « Vous voyez, j'y mets ordre en l'éventant sans cesse,
      « Afin de dissiper plus tôt l'humidité. »

ZULIME, *riant de toutes ses forces.*
Ah! ah! ah!. . .

OCTAR
N'est-ce pas pousser loin la tendresse?

ZULIME, *riant toujours.*
Ah! ah! ah! ah!. . . fort loin, très loin. . ., en vérité.

OCTAR
Ce n'est pas tout: pour soulager la belle,
375 Zamny prit à son tour cet éventail en main.
En un moment sa science fut telle. . .[27]
Soit qu'il eut dans sa manche alors quelque lutin,
Soit qu'il ait des secrets que l'on ignore, enfin
Je ne sais comme il fit; mais plus habile qu'elle,
380 L'humidité s'évapora soudain.
Pour nous marquer sa joie et sa reconnaissance,
La jeune veuve alors nous faisant ses adieux,
Nous laissa l'éventail, gage de sa constance.
Je veux te faire voir ce bijou précieux.
Viens!

ZULIME
385 Oui, je vais te suivre, aussi bien le temps presse;
Mais je vais un moment rejoindre ma maîtresse.
Toi, fais vite enlever le tombeau de ces lieux.
(*Elle sort.*)

SCÈNE VII.

OCTAR, *seul.*
Laisse-moi faire, va; éloignons la tristesse.
Que le plaisir enfin règne dans ce séjour!
390   Et ne songeons plus en ce jour
Qu'à ramener ici les jeux et l'allégresse.

Fin du premier acte.

ACTE II.

Le théâtre représente le même appartement qu'au premier acte; mais
il est galamment décoré et préparé pour une fête.

SCÈNE PREMIÈRE.

OCTAR, *seul.*

Ouf! enfin tout est prêt, respirons à présent.
J'admire mon esprit, mon adresse incroyable:
Pour arranger ces lieux en un moment
395   Il m'a fallu travailler comme un diable.
Tout me paraît très bien: je suis content de moi.
Mais Zamny ne vient point. Allons voir!

SCÈNE II.

ZAMNY, OCTAR

ZAMNY, *entrant précipitamment.*
                                        Ah! c'est toi?
Je te trouve à propos: j'ai deux mots à te dire;
Et je te fais chercher depuis une heure au moins.

OCTAR
400   J'allais et je venais, j'ai voulu tout conduire,
Tout faire; et vous voyez le succès de mes soins.

ZAMNY
Oui, mais je crains d'avoir été trop vite.
Plus on parle à Fanny, plus sa douleur s'irrite.

OCTAR
Bon, voilà du nouveau. Quoi! depuis ce matin
405   Elle a pu changer tout de suite?
Vous la meniez pourtant par le plus court chemin.

ZAMNY
J'aurais cru sa conquête un peu moins difficile.
Tantôt en te quittant j'avais suivi ses pas,

Elle m'a fait prier de la laisser tranquille.
410 Ah! si je ne faisais qu'une épreuve inutile!
     Ah! si son cœur...

OCTAR

Je n'en jurerais pas.
Pourquoi lui faire l'injustice
De croire que Fanny trompera votre espoir?
Tenez, pour peu que l'on y réfléchisse,
415 Le cœur ne passe pas ainsi du blanc au noir:
Avant d'être inconstant et léger par caprice,
On est fidèle par devoir.

ZAMNY

Puissé-je me tromper!

OCTAR

Si vous vouliez m'en croire,
Vous céderiez à mes raisons.

ZAMNY

420   Non, non, je veux qu'elle ait la gloire
          De triompher de mes soupçons.
Près d'elle je n'ai pas encor mis en usage
Tous les moyens que j'ai pour éprouver son cœur.
     Si j'éclairais à présent son erreur,
425 En serais-je plus sûr qu'elle n'est point volage?
          Je lui donnerais de l'humeur,
          Sans qu'elle m'aimât davantage;
Et je n'aurais rien fait alors pour mon bonheur.
Mais il me reste encor une épreuve nouvelle:
430 Cet anneau que tu vois, remplissant mon objet,
          Va servir à m'assurer d'elle.

OCTAR

Et comment donc?

ZAMNY
Bientôt tu sauras mon projet.

OCTAR

Mais de ses volontés une veuve est maîtresse;
  Et je ne vois rien d'étonnant
Que Fanny puisse enfin. . .

   ZAMNY, *l'interrompant avec vivacité.*
435   Céder à ma tendresse,
N'est-ce pas?

OCTAR

Oui, sans doute.

   ZAMNY, *vivement.*
      Oh! c'est où je l'attend.
Si je puis arracher l'aveu de sa faiblesse!. . .
   C'est par un exemple frappant
Qu'en dessillant ses yeux j'instruirai sa jeunesse.

OCTAR

440   Ma foi, si je vous craignais moins,
Près d'elle j'emploierais[28] mes conseils et mes soins
   Pour l'engager à tenir ferme,
Jusqu'au temps. . ., car enfin chaque chose a son terme.

ZAMNY

Ah! tu peux lui parler, je ne l'empêche pas.

OCTAR

Quoi! vous permettriez?

ZAMNY

445   Je t'en conjure même,
En lui cachant toujours pourtant mon stratagème.

OCTAR

Je pourrai lui dire. . .

ZAMNY

Oui, tout ce que tu voudras.

OCTAR

C'est que. . .

ZAMNY

Quoi!

OCTAR

Dès ce jour peut-être. . .
Je sais. . . Fanny m'a fait connaître
Qu'elle voudrait me parler.

ZAMNY, *d'un air surpris.*

450   Bon!

Te parler?

OCTAR

Oui.

ZAMNY

Fanny?

OCTAR

Fanny.

ZAMNY, *d'un ton de contrainte et d'embarras.*

J'en suis fort aise.

OCTAR

Eh quoi! cela vous fâche?

ZAMNY, *avec le même ton.*

Non,
Non; mais ceci change la thèse.
Et je vois. . . que. . . je me flattais en vain.

OCTAR

455 Pourquoi donc, s'il vous plaît? Savez-vous son dessein?

ZAMNY

Elle veut te charger. . .

OCTAR

Voyons. . .

ZAMNY

La chose est claire,
D'un aveu, que sans doute elle n'ose me faire.

OCTAR

Mais peut-être veut-elle aussi
Nous prier poliment de décamper d'ici.
460 Vous voyez tout en noir. Quel homme! Eh! patience.

ZAMNY

Il faut la voir venir sur cette confidence.
Je vais la laisser seule encor quelques instants,
Et je reparaîtrai quand il en sera temps.
(*Il fait quelques pas pour sortir; Octar l'arrête.*)

OCTAR

Et le deuil, croyez-vous. . .?

ZAMNY

Que veux-tu que je pense?
465 Je mets tout au pis à présent.

OCTAR

Zulime ici m'a promis de se rendre.
Je saurai. . .

ZAMNY

Ne dis rien qui lui fasse comprendre. . .

OCTAR

Non, non, sortez. On vient. C'est elle justement.

SCÈNE III.

ZULIME, OCTAR

OCTAR
Ah! te voilà! tu te fais bien attendre.

ZULIME
470 J'ai cru que d'aujourd'hui je ne finirais pas
      La toilette de ma maîtresse.
Ma foi, l'habit de deuil sied mal à la jeunesse.
Fanny n'a jamais eu, je crois, autant d'appas:
Tu vas en convenir lorsque tu la verras.

OCTAR, *riant.*
475 Quoi déjà, mon enfant, le deuil serait au diable?

ZULIME
À peu près. Elle a fait d'abord bien des façons:
J'ai cru manquer mon coup. Elle était intraitable;
Mais j'ai tant allégué d'excellentes raisons,
J'ai tant fait à son cœur valoir le don de plaire,
480 Enfin j'ai tant parlé qu'elle m'a laissé faire.
      Ce n'est pas sans peine toujours:
Tu vois comme je sers ton maître et ses amours.

OCTAR
Oui, oui, tu me parais une fille admirable,
Et tu viens de nous rendre un service impayable.
485 Si c'est ton coup d'essai, tu feras ton chemin;
C'est moi qui t'en réponds. Mais parlons d'autre chose;
Car depuis bien du temps notre amour se repose.

ZULIME
Oh! nous en parlerons demain.
Je veux avoir l'honneur de finir cette affaire;
490 Pour n'y pas réussir, elle est en trop bon train.

OCTAR
Oui; mais il faut. . .

ZULIME, *bas à Octar, apercevant Fanny.*
Il faut te taire.
Fanny vient. . .

SCÈNE IV.

FANNY, ZULIME, OCTAR

FANNY *entre avec précipitation sans voir Octar; elle est vêtue d'une*
robe de satin blanc attachée avec une ceinture de gaze d'argent[29].
Zulime. . . *(apercevant le changement qu'on a fait.)*
Ah!

ZULIME
Vous admirez ces lieux?
Leur éclat n'avait point encor frappé mes yeux.
Zamny n'épargne rien pour calmer vos alarmes.

FANNY
495   Depuis que je le vois, ces lieux m'offrent des charmes. . .
(Apercevant Octar, et reprenant son air triste.)
Ah!. . . te voilà?

OCTAR
Mon maître est trop heureux,
Si les soins qu'il prend pour vous plaire,
Sans effacer un souvenir fâcheux,
Peuvent au moins vous en distraire.

FANNY, *d'un air embarrassé.*
500   Pour ses amis en pareil cas,
Quand la douleur vient les abattre,
Il est permis, je crois, de vouloir la combattre.

ZULIME
Et c'est même un plaisir pour les cœurs délicats.

FANNY
S'il n'a que ce projet, je ne l'en blâme pas.

OCTAR

505 Ah! Madame, pour vous il se mettrait en quatre.

ZULIME

Et je serais sa caution.

OCTAR

Ah! vous êtes trop bonne.

FANNY

Il m'a fait une peine
Tantôt, en me parlant de sa tendresse.

OCTAR

Bon.
Madame pense encor à cela?

FANNY

Comment donc?

OCTAR

510 Oh! c'est que. . ., quand l'amour, voyez-vous, nous entraîne,
On parle sans réflexion.

FANNY, *soupirant.*
J'ai sur le cœur encor sa déclaration.

ZULIME

Il n'a pas cru vous faire injure.

OCTAR

Il n'en parlera plus, Madame, je vous jure.
515 Et pour qu'il n'en soit plus désormais question,
Je vais l'aller trouver, et lui dire. . .
(*Il veut sortir.*)

FANNY, *l'arrêtant.*
Non, non,
Reste.

OCTAR
Pardonnez-moi, Madame: soyez sûre
Qu'il m'écoutera même avec plaisir.

FANNY
Finis. . .
Je veux te parler. Reste.

OCTAR
Ah! je vous obéis.

FANNY
Zulime, laisse-nous.

ZULIME, *à part.*
520   Que va-t-elle lui dire?

FANNY
Laisse-nous donc.

ZULIME
Je me retire.

SCÈNE V.

FANNY, OCTAR

FANNY, *à demi-voix.*
Ah! çà, te voilà seul maintenant avec moi.
Tantôt il m'a passé par la tête un caprice. . .
Fou, singulier. Enfin. . . puis-je compter sur toi?
525   Et te sens-tu d'humeur à me rendre un service?

OCTAR, *avec surprise.*
Moi, Madame?

FANNY
Oui, toi-même.

OCTAR, *à part.*
Où veut-elle en venir?
(*Haut.*)
Je suis tout disposé, Madame, à vous servir.

FANNY, *embarrassée.*
Ma question. . . d'abord. . . paraîtra ridicule.
Mais. . . attends, on pourrait écouter en ces lieux.
(*Elle va regarder si personne n'écoute.*)

OCTAR, *à part.*
530 Je ne la comprends point. Où tend ce préambule?
Elle me regardait, avec de certains yeux. . .
Mais si Fanny m'aimait. . . Cela pourrait bien être.

FANNY, *toujours à demi-voix.*
Un valet tel que toi, doit être initié
Dans tous les secrets de son maître.
535 Dis-moi, le tien serait-il marié?

OCTAR
Marié, Madame?

FANNY
Oui. . .

OCTAR, *à part.*
Que diable lui dirai-je?
(*Haut et avec embarras.*)
Mais. . .

FANNY, *vivement.*
Eh bien, quoi?

OCTAR
Parlez-vous tout de bon?
Et ne serait-ce pas par hasard quelque piège
Pour savoir si mon cœur. . .

FANNY, *vivement.*
Eh non!

540 Parle-moi sans détour: l'affaire est importante.
Pour ton maître d'ailleurs. . ., elle est intéressante.

OCTAR, *l'interrompant.*
Enfin pour le savoir vous avez vos raisons.
Et bien[30]. . . nous sommes garçons.

FANNY
Mais en es-tu sûr?

OCTAR
Oui, Madame.

FANNY
545 Eh! quelles qualités voudrait-il qu'eût sa femme?

OCTAR
Madame sait qu'en pareil cas
On cherche toujours la meilleure,
Quoique souvent on ne la trouve pas.

FANNY
Après. . .

OCTAR
Il me disait cependant tout à l'heure:
550 Octar, plains le pauvre Zamny.
En esprit, en beauté, rien n'égale Fanny.
Et malgré mon amour pour elle,
Je ne pourrai jamais prétendre à l'épouser.

FANNY
Ne mens-tu point?

OCTAR
Moi, vous en imposer?

FANNY
555 Eh bien, pour me prouver ton adresse. . . et ton zèle,
Sonde encor avec art ses sentiments pour moi.
(*Vivement.*)

Mais conduis-toi surtout avec prudence.
Et. . . s'il veut. . . que l'hymen. . . le range sous sa loi,
Tu peux. . . (*vivement*) sans lui parler de cette confidence. . .

OCTAR, *l'interrompant.*
560   Je vous entends. . .: engager votre foi.

FANNY, *très vivement.*
Oui, mais songe qu'il faut agir avec adresse
Pour. . .

OCTAR, *à part.*
Nous y voilà donc. . . Ah! jeunesse! jeunesse!

FANNY
Conduis tout en secret avec le plus grand soin.
Et cache-lui bien ma faiblesse.

OCTAR
565   Mon Dieu, Madame, il n'en est pas besoin.
Mon maître vous adore, il est tendre, sensible;
Mais je vois à ses feux un obstacle invincible[31],
Et jamais cet hymen. . .

FANNY, *avec chagrin.*
Eh! pourquoi donc, Octar?

OCTAR
Il fallait vous y prendre ou plus tôt ou plus tard.
570   Nos usages, nos lois le rendent impossible,
Mon maître ayant été disciple de Zimar.

FANNY
Pour disciple, Zimar n'a jamais eu ton maître.

OCTAR
Il est vrai; mais Zamny s'était promis de l'être.

FANNY
Sans doute. Mais promettre est-ce l'avoir été?
(*Vivement.*)

575 Je m'en rapporte à toi. Là, dis la vérité.

OCTAR

Non pas. Mais s'il vous prend pour sa digne compagne,
Vous entendrez blâmer ce mariage-là.
Chacun dira son mot.

FANNY

Bon. N'est-ce que cela?
Nous vivrons retirés tous deux à la campagne.

OCTAR

On le saura toujours.

FANNY, *avec humeur.*
580 De qui? Comment? Par où?

OCTAR, *à part.*

Quelle tête! Voyons: parlons d'une autre sorte.
Inventons quelque obstacle. (*Haut*) Une raison plus forte,
C'est que nous n'avons pas le sou.

FANNY, *lui donnant sa bourse.*

Pourquoi te gênes-tu? Tiens, prends ceci d'avance.

OCTAR

585 Je ne m'attendais pas à ce trait d'éloquence.
Vous parlez d'or, Madame. Après cela, ma foi,
Il faut, quoi qu'on en ait, vous servir malgré soi.
(*Il fait quelques pas pour sortir. Elle le rappelle.*)

FANNY

Écoute. . . Si Zamny sur notre hymen prononce. . .

OCTAR

Comment? Oh! laissez faire: il le faut, il le doit.

FANNY

Viens m'en informer.

OCTAR
Oui.

FANNY
590   M'apporter sa réponse
À quelque heure que ce soit.

OCTAR
Oui.

FANNY
Tu peux maintenant aller trouver ton maître.
(*Zamny paraît dans le fond du théâtre.*)

OCTAR
Je n'irai pas bien loin; car je le vois paraître.
(*Bas à Fanny.*)
Parlez-lui de votre dessein.

FANNY, *à part.*
595   Ciel! dans quel trouble affreux me jette sa présence!

SCÈNE VI.

FANNY, ZAMNY, OCTAR

ZAMNY, *dans le fond du théâtre, à part à Octar.*
Sors: j'ai tout entendu.

OCTAR, *bas à Zamny.*
L'affaire est en bon train.

ZAMNY, *bas à Octar, en s'avançant quelques pas*[32].
Dans un moment, que la fête commence!

OCTAR, *en sortant.*
Vous serez obéi soudain.   (*Il sort.*)

SCÈNE VII.

FANNY, ZAMNY

ZAMNY, *à part.*
Portons les derniers coups. (*Haut.*) Dois-je en croire Zulime,
600 Madame? Et se peut-il encor que votre cœur
D'un rigoureux devoir devenant la victime,
Refuse pour jamais de faire mon bonheur?
Votre rigueur enfin doit-elle être éternelle?
Pourquoi craindre les nœuds d'une chaîne nouvelle?
605 Faut-il pour vous prouver mes tendres sentiments,
Respecter vos chagrins, attendre que le temps
Ait calmé vos regrets, votre douleur mortelle?
Ma constance aux amants servira de modèle;
Je ne me plaindrai point de ces retardements.
610 Il pourra naître enfin de plus heureux moments;
Mais pour prix des soupirs du cœur le plus fidèle,
Ne me condamnez point à perdre tout espoir.
Zulime m'a réduit, Madame, au désespoir.

FANNY, *avec embarras.*
Zulime a tort.

ZAMNY, *vivement.*
Elle est cruelle.
615 Quoi! si je l'en croyais, Madame, dès ce soir
Il faudrait renoncer au bonheur de vous voir.

FANNY
Elle n'y pense pas. (*Avec dépit.*) De quoi se mêle-t-elle?
Là, je voudrais bien le savoir!

ZAMNY
Ah! vous me laissez entrevoir
620 Des sentiments dont ma flamme est charmée,
Et qui rendent le calme à mon âme alarmée.

FANNY, *baissant les yeux.*
Je sais ce que l'on doit et d'estime et d'égard
À des gens tels que vous. (*Le regardant tendrement.*)

Dans ma douleur profonde,
Zamny, sans vos conseils serais-je encore au monde?
625   Je dois rendre grâce au hasard.

ZAMNY, *vivement et avec la plus*
grande chaleur.
Au hasard, Madame? Ah! si nous sommes ensemble!
Non, au motif qui nous rassemble,
Le sort, l'aveugle sort n'a pas la moindre part.
C'est le Ciel qui conspire à mon bonheur suprême;
630   C'est lui seul qui sur vous me donne ici des droits:
Vous en allez juger vous-même.
Nous sommes l'un et l'autre issus du sang des rois,
Jeunes tous deux; vous dans la fleur de l'âge,
Moi dans le temps encor de faire un heureux choix.
635   Vous, Madame, marchant sur les traces d'un sage;
Moi brûlant de le devenir.
Vous, chérissant l'étude et les sciences,
L'esprit orné déjà de mille connaissances;
Moi, ne venant ici que pour en acquérir.
640   Quel rapport! Ah! n'en doutez point, Madame,
Le Ciel, sans doute, autorisant ma flamme,
Ne m'a conduit ici qu'afin de nous unir.

FANNY
Eh bien! connaissez ma faiblesse:
Zamny, c'est trop longtemps vous cacher ma tendresse.
645   Je vous aime. . . et ma bouche ose en faire l'aveu.

ZAMNY, *avec un transport mêlé de dépit.*
Quel moment! (*À part.*) Juste ciel! contraignons-nous un peu.

FANNY
Mes feux pour mon époux sont peut-être un outrage,
Mais l'amour dans mon cœur triomphe malgré moi.
Zimar doit m'excuser de lui manquer de foi,
650   Quand je crois sous vos traits adorer son image.

ZAMNY
Ne vous repentez point d'un aveu si flatteur.
Loin de vous, loin de votre cœur

Le noir chagrin qui le dévore[33]!
Quand verrai-je briller l'instant de mon bonheur?

FANNY

655   Zamny, si vous m'aimez, ah! différons encore:
De mon deuil en ces lieux laissons passer le temps.

ZAMNY

Vous savez que je vous adore.
Eh! pourquoi perdre ainsi de précieux instants?

FANNY

De notre hymen ici puis-je ordonner la fête?

ZAMNY

660   Si cet obstacle vous arrête,
Vos désirs ont été prévenus par l'Amour.
Voyez en un moment s'embellir ce séjour.

(*Le fond du théâtre s'ouvre et laisse voir les jardins éclairés. Une foule de danseuses et de danseurs chinois entrent sur le théâtre en dansant: ils sont conduits par l'Amour.*)

FANNY

Que vois-je? Mais. . . comment se peut-il faire?

ZAMNY

Tout est aisé, Fanny, quand on cherche à vous plaire.
(*À part.*)
665   Tandis que ses regards occupés à ces jeux
Tâcheront vainement d'en percer le mystère,
Sortons. Sous d'autres traits offrons-nous à ses yeux.
Cette dernière épreuve est encor nécessaire.

(*On danse. Zamny va se placer à côté de Fanny.*)[34]

Une personne de la Fête chante:

ARIETTE.[35]

Qu'il est doux de perdre sa liberté,
670   Quand pour mieux enchaîner nos âmes,
L'Amour met ses traits pleins de flammes
Entre les mains de la beauté!
Nos cœurs flattés d'un si doux esclavage
Ne s'ouvrent qu'aux tendres désirs:
675   L'Amour devient un badinage,
Son règne est celui des plaisirs.

BALLET FIGURÉ.

Une jeune Bergère danse un pas de deux avec un Berger pour qui elle marque beaucoup d'empressement, quoiqu'il soit vieux. Tout à coup le Berger paraît tomber sans connaissance sur un banc de gazon placé sur le devant du théâtre. Regrets de la Bergère. Un autre Berger jeune et bien fait s'approche pour la consoler: il lui marque l'amour le plus vif et le plus tendre. Elle ne veut point l'écouter, et va prier l'Amour de l'écarter, et de la défendre contre ce Berger. L'Amour touche avec la flèche qu'il tient, le premier Berger amant aimé de la Bergère. Il le rappelle à la vie et le rajeunit pour couronner la constance et la fidélité de son amante. Tous les autres danseurs prennent part à la joie de la Bergère, et le ballet finit.

Fanny regarde bien attentivement ce ballet; elle paraît inquiète: le rapport de cette aventure avec la sienne la frappe. Zamny s'échappe dans le moment où il la voit le plus occupée à regarder cette fête.

FANNY, *à part.*
Quels mouvements secrets! et quel trouble inconnu!
Pourquoi cette aventure en ces jeux retracée?
Mais éloignons une triste pensée. . .
680   Cher Zamny. . . Qu'est-il devenu?
(À Zulime qui entre.)
Zulime, ô ciel! d'où naît le trouble de ton âme?
Quel est cet embarras? Qu'as-tu donc?

SCÈNE VIII.

FANNY, ZULIME

ZULIME, *toute*[36] *essoufflée.*
                                    Ah! Madame,
Je traversais à grands pas le jardin
Pour aller ordonner les apprêts du festin.
J'ai vu. . .

FANNY, *avec en empressement mêlé de crainte.*
Quoi donc? quoi donc?

ZULIME
685   Étendu sur le sable
Le malheureux Zamny pâle, défiguré,
        Le regard mourant, égaré,
Poussant à peine au ciel, tant la douleur l'accable,
        Un cri plaintif et lamentable.
690 Son valet près de lui le tient entre ses bras
Et cherche à rappeler son âme fugitive. . .
Vains efforts! Ah! je crains que le secours n'arrive
Trop tard, pour l'arracher des portes du trépas.

FANNY
Quel coup affreux!

ZULIME
Quel revers!

FANNY
                        Ah! Zulime.
695 Le Ciel est offensé: j'ouvre les yeux trop tard.
J'ai trahi mon devoir en oubliant Zimar:
        Mon nouvel amour est un crime.
        Devais-je en croire tes discours?

ZULIME
En voici bien d'un autre à présent. . . Quel système!
700 Songez que votre amant a besoin de secours,
Que son valet est seul. . ., mais le voici lui-même.

SCÈNE IX.

FANNY, ZULIME, OCTAR

OCTAR

Madame, c'est à vous que mon maître a recours.
Si vous nous refusez. . . dans ce danger extrême,
(*Feignant de pleurer.*)
Ah! ah! c'en est fait de ses jours.

FANNY

705   Hélas! Zamny sait que je l'aime,
Que je voudrais. . .

OCTAR

Son sort dépend de vous.
Vous me voyez pour lui, Madame, à vos genoux.

ZULIME

Que faire pour calmer le mal qui le possède?

FANNY

T'a-t-il dit qu'on y pût apporter du remède?

OCTAR

Oui, Madame.

ZULIME

En ce cas parle donc.

OCTAR, *se relevant.*

710   Un moment.
Zimar porte à son doigt un anneau sympathique[37],
Un talisman dont la vertu magique. . .

ZULIME, *l'interrompant.*

Madame, il a raison, et j'oubliais vraiment
Que l'on nous en a dit des choses admirables.

OCTAR

715 Bon! Zamny dit qu'il fait des cures. . . incurables,

Qu'il pourrait au besoin ressusciter un mort.

ZULIME

Eh bien! Madame, il faut y recourir d'abord.

FANNY

Oui; mais j'ai des raisons.

ZULIME, *vivement.*
Des raisons? quel langage!
Comment donc? est-ce ainsi que l'amour vous engage?
720 Eh quoi! vous balancez quand il s'agit du sort
D'un amant? À ses feux vous feriez cet outrage?
Songez qu'il peut se plaindre, et qu'il n'aura pas tort.
Allons, faites sur vous un généreux effort.

FANNY

Non, je n'aurai point ce courage.
725 Zimar m'a fait promettre, et j'en ai fait serment,
Si la mort avant moi lui fermait la paupière,
D'enfermer dans sa tombe à son heure dernière
Ce merveilleux et rare talisman.
Je craindrais d'y toucher.

ZULIME, *haussant les épaules.*
Quelle crainte frivole!

OCTAR

730 Mais songez que le temps s'envole,
Que les instants sont chers.

ZULIME

Songez que votre amant,
Zamny, touche peut-être à son dernier moment.

FANNY

Non, je n'ose.

ZULIME, *avec la plus grande chaleur.*
Oh! ma foi, votre refus m'étonne,
Et me lasse à la fin. Madame me pardonne

735 D'oser prendre à ses yeux ce ton de liberté!
Mais si c'est là le fruit des peines qu'on se donne,
Je ne me mêle plus de conseiller personne.
Agissez désormais à votre volonté.
Comment! le danger presse, et votre cœur raisonne!
740 Le véritable amour est bientôt consulté.
Ah! je n'aurais jamais pu croire, en vérité,
Qu'une maîtresse honnête, aussi douce, aussi bonne,
Pût pousser à ce point l'inflexibilité.

FANNY

Eh bien! À tes conseils mon âme s'abandonne.
Viens, Zulime, suis-moi.
              (Elles sortent pour aller au tombeau.)

SCÈNE X.

OCTAR, *seul.*
745   C'en est fait pour le coup.
Pauvre brebis, tu vas dans la gueule du loup.
La peur va les saisir. . . Quel diable de manège!
Il faut être mari pour tendre un pareil piège.
Les maris sont bien fous, et je plains leur erreur.
750   Les femmes ont l'humeur volage.
              Eh bien! voyez le grand malheur!
N'ont-elles pas aussi mille attraits en partage?
              Pourquoi prendre pour un outrage
              Un très léger défaut de cœur,
755   Dont leur beauté nous dédommage.
Nous connaissons bien peu le prix du vrai bonheur.

ZULIME, *faisant un cri effrayant*
              derrière le théâtre.
Ah!. . .

OCTAR
Je m'attendais bien à tout ce beau tapage.

SCÈNE XI.

ZULIME, OCTAR

OCTAR, *à Zulime qui entre avec précipitation, et qui laisse tomber en entrant une lampe qu'elle avait à la main.*
Qu'as-tu donc?

ZULIME, *ne sachant où se cacher, et regardant sans cesse derrière elle.*
Au secours!

OCTAR
Quel vertige te tient?

ZULIME, *pouvant à peine parler.*
Zimar. . .

OCTAR
Eh bien! Zimar?

ZULIME
Il revient.

OCTAR
Il revient?
Bon, quel conte!

ZULIME
760   Non, non, Zimar revient, te dis-je.

OCTAR
Il n'était donc pas mort? Comment? par quel prodige?

ZULIME
Et ma pauvre maîtresse, ô Ciel! de quel effroi. . .

OCTAR
Et mon maître, à ce que je voi,
Tu ne t'en embarrasses guères.

ZULIME

765 Il va nous mettre ici dans de belles affaires.
Ah!. . .

(*Elle fait un nouveau cri en apercevant Zimar ou Zamny qui entre
précédé de Fanny. Elle paraît dans la plus grande inquiétude.*)

OCTAR

Qu'as-tu donc encor?

ZULIME

Le voilà: cache-toi.
(*Elle fait cacher Octar derrière elle.*)

SCÈNE XII.

ZIMAR *ou* ZAMNY, FANNY, ZULIME, OCTAR

ZIMAR. *Il doit être revêtu d'une grande robe blanche avec une très
longue barbe et une chevelure blanche. Il adresse la parole à Fanny du fond
du théâtre.*

Calmez cette frayeur mortelle.
Enfin je vous revois; mes vœux sont satisfaits.
Le jour que je respire, est un de vos bienfaits.
Que ne vous dois-je point?

ZULIME, *voyant que Fanny soupire, et ne répond point.*
770   Votre esclave fidèle,
Depuis l'instant où la Parque cruelle
À son amour vint vous ravir,
S'occupait jour et nuit de votre souvenir.

ZIMAR, *prenant la main de Fanny
qu'il baise tendrement.*
Fanny connaît aussi ma tendresse pour elle.
775   Mais pourquoi donc n'êtes-vous pas en deuil?
Pourquoi cette élégante et superbe parure?
Ces lieux ont depuis peu bien changé de figure.

ZULIME, *à part.*
Je tremble de frayeur.

OCTAR
Moi, j'ai la larme à l'œil.

FANNY, *hésitant de parler.*
Comme j'allais ouvrir votre cercueil,
780 Le cœur plein de l'espoir du bonheur qui m'arrive,
(On a, vous le savez, de doux pressentiments)
Pour vous marquer en ces heureux moments
Combien ma joie était sincère et vive,
J'ai cru. . . devoir quitter de tristes vêtements.

ZIMAR, *ironiquement.*
785 Cette preuve d'amour me charme et me rassure;
Et je me plais à croire aussi
Ce que votre bouche m'assure.

FANNY, *toute déconcertée.*
En pourriez-vous. . . douter?

ZIMAR, *ironiquement.*
Je vous ferais injure
Si je ne pensais pas ainsi.
790 Mais pourquoi mon tombeau qui devrait être ici,
Est-il dans ce moment au fond d'une masure?

ZULIME, *à part, à Octar.*
Voilà bien des pourquoi.

OCTAR, *à part.*
Ahi! voilà l'enclouure[38].

ZIMAR, *foidement.*
Vous ne répondez point, vous vous troublez. Fanny,
Rassurez-vous, parlez: songez que le temps presse,
795 Qu'à d'autres qu'à Zimar votre cœur s'intéresse,
Et qu'il y va des jours du malheureux Zamny.

FANNY, *à part.*
O ciel!

ZULIME, *à part à Octar.*
Comment, par quelle ruse,
Sait-il déjà tous nos secrets?

OCTAR, *bas à Zulime.*
Le diable apparemment est dans ses intérêts.

ZIMAR
800   Vous cherchez bien longtemps quelque nouvelle excuse
Pour cacher. . .

FANNY, *avec l'expression du sentiment le plus
tendre et du repentir le plus vif.*
Ah! Zimar! interdite, confuse,
J'ose à peine, en tremblant, lever les yeux sur vous.
C'est peu d'avoir brisé des nœuds sacrés et doux;
J'ai voulu vous tromper. Quel triste jour m'éclaire!
805   Que ne puis-je expier mon crime à vos genoux.
        (*Elle se jette à ses pieds.*)
Malgré mon repentir et ma douleur sincère,
Suivez les mouvements d'un trop juste courroux.
        Punissez-moi: la mort me sera chère.
C'est un bien, c'est le seul dont mon cœur soit jaloux.
810   Heureuse, en tombant sous vos coups,
Si je puis désarmer enfin votre colère,
Et par le triste aveu d'un crime involontaire
Arracher en mourant des pleurs à mon époux.

ZIMAR
O ma chère Fanny! quel que soit votre crime,
815   Ah! tout est effacé par votre repentir.

FANNY
Après ce que j'ai fait, j'aurais trop à rougir,
Et je ne puis jamais prétendre à votre estime.

ZIMAR
Si j'avais un reproche à faire à votre cœur,

Ce serait le penchant d'une volage humeur.
820 Fanny, plus ce penchant nous plaît et nous amuse,
Plus il couvre nos yeux du bandeau de l'erreur.
Trop de légèreté nous perd et nous abuse.
      Heureux un cœur qui s'y refuse!
Remplir tous ses devoirs, voilà le vrai bonheur;
825   Mais la jeunesse est votre excuse.

FANNY

Quoi! vous excuseriez le plus noir des forfaits?
Ah! punissez plutôt une épouse parjure.

ZIMAR

Non, vivez pour m'aimer, et m'aimer à jamais:
Zimar vous en priait, Zamny vous en conjure.
     Il quitte son habillement, et paraît sous ses véritables traits.

FANNY

Que vois-je?

ZIMAR

830   Un tendre époux sous les traits d'un amant.

ZULIME

Vivat[39]! nous gagnerons peut-être au changement.

FANNY

Zimar était Zamny!

ZULIME

      Quoi! c'était là ton maître?
Tu nous en imposais donc, traître?

OCTAR, *à Zulime qui veut l'étrangler.*

Ahi, ahi! doucement donc. J'avais promis, d'honneur. . .

FANNY

835   Ah! j'aurais dû vous reconnaître
Au trouble de mes sens, à ce penchant vainqueur
      Qui m'entraîna trop tôt peut-être.
Mais pourquoi si longtemps me laisser dans l'erreur?

Sous vos traits à mes yeux pourquoi ne pas paraître?
840   Ces sentiments d'une nouvelle ardeur
        Pourquoi les faisiez-vous donc naître?

ZIMAR

C'est un secret, Fanny, que vous saurez un jour.
Ne songeons à présent qu'à calmer vos alarmes:
Que la main des plaisirs vienne essuyer vos larmes;
845 Qu'on ne célèbre enfin dans ce riant séjour
      Que le pouvoir du tendre amour
      Et le triomphe de vos charmes.

OCTAR, *à Zulime.*
Et nous, ma chère. . .

ZULIME
Eh bien!

OCTAR
      À quand notre union?

ZULIME
À quand? Oh! j'y veux mettre une condition.
850 Promets-moi, si jamais je suis au rang des veuves,
De ne point m'exposer à pareilles épreuves,
De mourir tout de bon.

OCTAR, *lui donnant la main.*
      Va, je te le promets.
Je me ferais même un scrupule
De risquer avec toi jamais
855   Une épreuve aussi ridicule[40].
      (*On danse.*)

VAUDEVILLE[41].

ZIMAR

Dans les premiers jours du veuvage
On laisse envoler les amours:
La vie, hélas! paraît un esclavage,
Et l'on voudrait en voir finir le cours.
860   On croit qu'ainsi l'on pleurera toujours.
Est-ce une preuve?
Non, non, non.
Un amant vient parler raison;
Et le cœur n'est point à l'épreuve.

FANNY

865   Chloé[42] n'est ni jeune ni belle,
Et le cœur lui bat vainement:
Dans son dépit aussi se promet-elle
De n'écouter jamais aucun amant.
De son dégoût pour un engagement
870   Est-ce une preuve?
Non, vraiment.
Sa bouche en a fait le serment;
Mais Chloé n'est point à l'épreuve.

ZULIME

Plus d'un ami vous importune
875   Et vole au-devant de vos vœux,
Tant qu'il croit voir qu'au char de la fortune
Sont enchaînés tous vos moments heureux;
À ses façons on le croit généreux.
Est-ce une preuve?
880   Non, non, non.
La fortune vous fait faux bond:
L'amitié succombe à l'épreuve.

OCTAR

Églé[43], par un serment d'usage,
Vient d'engager sa liberté:
885   Pendant un mois, Églé constante et sage
De son époux fait la félicité.
De son amour, de sa fidélité

           Est-ce une preuve?
              Non, non, non.
890   L'amour lui fait changer de ton:
         L'hymen est dupe de l'épreuve.

              AU PARTERRE[44]
         Plus un auteur lit son ouvrage,
         Et plus il le trouve charmant:
         À son avis on lui ferait outrage,
895   Si l'on osait en penser autrement.
         De son esprit et de son jugement,
              Est-ce[45] une preuve?
                Non, vraiment.
           Si le public n'est indulgent,
900   L'auteur fait une triste épreuve.

                    FIN.

Notes

1 Ce terme de « comédie ballet » n'apparaît que dans le titre de l'édition. Ailleurs, dans la Préface, dans le titre qui précède le texte et dans le titre courant, ansi que dans les pages du Registre du Théâtre-Italien, le seul mot employé est « comédie ».

2 Rappelons que la première représentation n'eut lieu que le mercredi 2 janvier 1765.

3 Le *Satiricon*.

4 Et c'est cette traduction qu'a reproduite le Père Du Halde dans sa *Description de la Chine* (voir l'Introduction, pp. 10–12).

5 Fréron, *Journal étranger*, Paris, septembre 1755, pp. 217–238: « *Tchao Chi Cou Ell*; c'est-à-dire *Le petit Orphelin de la maison de Tchao: tragédie chinoise* ». Le conte de la « Matrone » ne fut publié et commenté par Fréron que dans le numéro de décembre.

6 Je renvoie à mon article: « Le conte du 'Nez' dans *Zadig*, de Voltaire, ou de l'imitation à l'originalité » (voir Bibliographie).

7 Orthographe fréquente à l'époque pour La Motte. — Antoine Houdar de la Motte, *La Matrone d'Éphèse*, comédie en un acte et en prose (Théâtre-Français, 23 septembre 1702). Voir l'Introduction, pp. 13–14.

8 Baron Jacob-Friedrich von Bielfeld, *La Matrone*, comédie en cinq actes et en prose. Non représentée. Édition dans *Comédies nouvelles*, Berlin, E. de Bourdeaux, 1753. Puisque Lemonnier cite cette pièce, elle a pu lui donner quelques idées pour la sienne, ou le confirmer dans certaines de ses intentions. Dans son Avant-propos, Bielfeld relate les faits qui l'ont amené à traiter à son tour le thème de la Matrone d'Éphèse: il avait, dit-il, dans son cabinet de travail, « un tableau qui représentait la Matrone d'Éphèse ». Mais Bielfeld a cru bon de retrancher tout ce qui avait trait à Éphèse, voulant rendre son texte conforme à l'esprit et aux mœurs du XVIIIe siècle: il a « habillé à la moderne » le conte de Pétrone. Les personnages sont français, et la scène se passe à Tarascon, en Provence. À la fin, Dorus, le mari cru noyé, revient: il avait été fait prisonnier par des pirates d'Alger. M. du Pinde, qui avait soupiré pour la veuve, retourne à ses Muses poétiques; et comme il a été dit pour les dénouements des comédies dans le théâtre français des XVIIe et XVIIIe siècles, la pièce se termine par le

mariage des serviteurs: Toinon, suivante de Melinde, la fausse veuve, épousera Carlin, valet du mari Dorus; mieux, le marquis de Carnage, un officier, épousera Serpentine, une fille dévote, parente de Dorus. Restait donc à Lemonnier, qui voulait, lui, une matrone chinoise, à habiller sa pièce « à la chinoise », tout en restant fidèle aux traditions du Théâtre-Italien.

9 Texte: *Opéra Comiques*. De même à la note de la même page.

10 Texte, coquille: *se plaiddre*.

11 Sur les comédiens qui ont joué *La Matrone chinoise*, voir l'Introduction, p. 5 et pp. 8–9.

12 Texte pour les deux comédiennes: *Mde*.

13 Aujourd'hui: en Chine.

14 Pour la date de l'Approbation, notons le *1* pour *1er* novembre.

15 Antoine de Sartine, comte d'Alby (1729–1801), fut à Paris lieutenant-général de police de 1759 à 1774. Il émigra pendant la Révolution.

16 *Théâtre*, au sens classique d'espace scénique, de « scène » (voir encore les indications scéniques des vv. 145, 228, etc.). *Toilette*: meuble garni de ce qui était utile pour se laver, se coiffer et se maquiller.

17 Il veut dire que le jour n'est pas encore levé. Nous sommes au petit matin. Cette notation du « temps » du Ier acte sera confirmée peu après par la veuve, vv. 147–148. Il est possible toutefois que Zamny veuille dire que Fanny a tardé à se lever, alors qu'il fait en réalité jour depuis quelque temps.

18 *À la sourdine*: sans bruit, de façon que personne ne s'en aperçoive.

19 Les lazzis étaient jadis des plaisanteries bouffonnes (paroles ou gestes), particulièrement en usage au Théâtre-Italien, et surtout pour les valets et le personnage d'Arlequin.

20 *Carrière*, au sens classique de « cours de la vie ». Fanny laisse croire qu'elle veut mourir (voir encore vv. 250–251, 265–266, 294–296).

21 *Hymen*, au sens classique de « mariage ». Dans le récit du Père Du Halde, le philosophe Tchouang-Tsé s'était marié trois fois: sa première femme mourut peu après son mariage; il répudia la deuxième « pour une infidélité dans laquelle il l'avait surprise »; et la troisième est celle du conte (*Description de la Chine*, 1735, t. III, p. 327; et Fréron, recopiant Du Halde, *Journal étranger*, décembre 1755, pp. 182–183).

22 *Devoir*, à l'imparfait de l'indicatif, a souvent aux XVIIe-XVIIIe siècles le sens d'un conditionnel passé: « j'aurais dû ».

23 En Chine, le corps d'un défunt devait, dans son cercueil, et pendant « cent jours », rester exposé dans sa maison. Lemonnier suit cette tradition rapportée par le Père Du Halde (pp. 331–333) et reprise par Fréron (pp. 193–201). Voir la Documentation thématique.

24 La suite serait: que mon mari vient de mourir, que je l'aimais et que je suis encore en deuil.

25 *Pécore*, étymologiquement: « bête » (voir La Fontaine, *Fables*, I, 3: « la chétive pécore » désignant une grenouille), puis s'est dit d'une femme sotte; pour un homme et surtout comme ici en exclamation, il n'est que l'équivalent d' « homme stupide, sot ».

26 Cette « aventure » est, là encore, tirée du récit du Père Du Halde et de Fréron.

27 Rupture de construction: la proposition consécutive du v. 380 n'a pas le *que* conjonctif (*telle... que*), et *plus habile* ne se rapporte pas au sujet du verbe *s'évapora*.

28 Texte: *emploirois*; le *e* après diphtongue pouvait à l'époque ancienne ne pas être noté quand il ne comptait pas dans la mesure du vers.

29 *D'argent*: couleur d'argent.

30 *Et bien*, sans doute coquille pour *Eh bien!* (voir entre autres vv. 341, 555, 744).

31 Les « obstacles » que va opposer Octar, sont, là encore, repris du récit du Père Du Halde et de Fréron. Mais Lemonnier ne retient pas ici l'obstacle de la présence du mort, car il a été levé précédemment (acte I, sc. 5, vv. 280–290, et sc. 6, vv. 322, 387).

32 Notons le complément circonstanciel construit sans la préposition *de*.

33 C'est-à-dire: Rejetez loin de votre cœur... (l'édition ne porte pas de point d'exclamation après *dévore*, mais un point).

34 Comme il sera dit aux dernières lignes du Ballet figuré, il ne restera en fait que peu de temps auprès de Fanny; et il sortira (v. 667) discrètement (v. 680).

35 Sur cette ariette, pour la musique et pour la versification, voir p. 19.

36 En valeur adverbiale, *tout* pouvait encore s'accorder avec l'adjectif féminin qui suivait, quand celui-ci commençait par une voyelle.

37 *Sympathique*: dont les pouvoirs semblent relever de la magie. — Dans le conte chinois, le remède était la cervelle d'un mort; Voltaire a préféré un nez. Lemonnier recourt à un talisman: dans le conte chinois n'était-il pas dit au début que Tchouang-Tsé « avait l'art d'évoquer les esprits » et de faire des choses qui relevaient de la magie? (voir la Documentation thématique, p. 97).

38 *Enclouure*, au sens propre: blessure d'un cheval au cours de la mise de clous à ses pieds pour le ferrer; au figuré: difficulté qui vous blesse, vous arrête (cf. Molière, *L'Étourdi*, II, sc. 4, v. 623: « De l'argent, dites-vous? Ah! c'est donc l'enclouure. »).

39 *Vivat*: « Qu'il vive! bravo! », mot latin mis en italique dans le texte.

40 Sur le mot *épreuve* et la reprise ici du sous-titre, voir l'Introduction, p. 7 et note 13.

41 Sur la musique de ce vaudeville, voir ce qui a été dit dans l'Introduction,

p. 19.

42 *Chloé*, nom grec (voir le roman de *Daphnis et Chloé*, de Longus), passé dans
la littérature latine et dans la poésie de la préciosité comme nom de femme.

43 *Églé*, comme Chloé, s'employait dans les poésies amoureuses pour désigner
une femme aimée.

44 Chaque personnage chantait à son tour un couplet du vaudeville final. Bien
que rien ne l'indique dans le texte, ce dernier couplet était chanté soit par
Octar, en s'avançant vers le public, soit en chœur par tous les personnages.

45 Texte, coquille: *en-ce une preuve?*

Documentation thématique

I

PÉTRONE, *Satiricon*[1]
(conte latin, Ier siècle après J.-C.)

Référence: CXI–CXII, histoire « sur la légèreté des femmes »
rapportée dans le roman par Eumolpe; traduction d'Alfred
Ernout, Paris,« Les Belles Lettres », 2e édition, 1931. Cette traduction, plus stricte, est préférable à celle que Saint-Évremond avait
faite au XVIIe siècle, *Œuvres mêlées*, 1678, t. V.

« Il y avait à Éphèse une dame si renommée pour sa vertu que les
femmes mêmes des pays voisins accouraient pour contempler cette
merveille. Or cette dame, ayant perdu son mari, ne se contenta pas,
suivant la mode ordinaire, de suivre le convoi avec les cheveux
dénoués, ou de meurtrir son sein nu sous le regard des assistants; mais
elle accompagna le défunt jusqu'en son dernier gîte; et, quand le corps
eut été, à la manière grecque, déposé dans son caveau, elle voulut le
garder et le pleurer jour et nuit. Témoins impuissants de son affliction
et de sa constance à se laisser mourir de faim, ni père ni mère, ni
proches ne purent l'arracher de la tombe; les magistrats eux-mêmes,
ayant fait une suprême tentative, se retirèrent sur un échec; et à la vue
de tout Éphèse en larmes, cette femme d'un exemple unique avait déjà
passé cinq jours sans prendre aucune nourriture. Auprès de la
malheureuse était demeurée une fidèle servante, qui prêtait à l'affligée
l'assistance de ses larmes, ou bien encore ranimait la lampe mortuaire
chaque fois qu'elle la voyait défaillir. Ainsi, dans toute la ville il n'était
bruit que de la veuve: c'était sans conteste le seul véritable exemple de

---

1 Sur l'influence de Pétrone et de sa « Matrone d'Éphèse », voir l'étude d'Albert-
Christian Collignon, *Pétrone en France*, Paris, Fontemoing, 1905. Il faut regretter
que Collignon soit passé très rapidement sur les adaptations au théâtre du conte de
la « Matrone d'Éphèse ». Et s'il cite au XVIIIe Watelet, Radet, il n'accorde qu'une
note (p. 92, note 4) à Lemonnier, se contentant de reproduire le titre de la pièce.

chasteté et d'amour conjugal qui eût brillé sur terre, de l'aveu unanime des hommes de toutes les classes.

Dans le même temps, le gouverneur de la province fit mettre en croix des brigands tout contre ce fameux caveau où la dame pleurait sur la dépouille récente de son mari. La nuit qui suivit l'exécution, le soldat chargé de garder les croix pour qu'on ne vînt pas enlever les corps afin de leur assurer la sépulture, aperçut une lumière assez vive qui brillait parmi les tombeaux; il entendit des gémissements plaintifs; et, par un défaut commun à l'humaine nature, l'envie le prit de savoir qui était là, et ce qu'on y faisait. Il descend donc dans le sépulcre; et, à la vue de cette femme admirable, il demeura d'abord immobile et saisi comme devant un fantôme ou quelque apparition infernale. Mais bientôt ce cadavre qu'il aperçoit gisant, ces larmes qu'il voit couler, ce visage déchiré à coup d'ongles le convainquent, comme c'était du reste la vérité, qu'il a sous les yeux une veuve inconsolable dans ses regrets. Il apporte dans le caveau sa maigre pitance, et commence par exhorter l'affligée à ne point s'obstiner dans une douleur superflue, à ne pas se rompre le cœur en vains gémissements: tous, dit-il, nous avons même fin et même suprême demeure. Bref, il épuise tous les arguments qu'on peut employer pour guérir un cœur ulcéré. Mais ces consolations qu'elle ne veut point entendre ne font qu'exaspérer la douleur de la dame: elle se déchire le sein plus furieusement encore, et s'arrache à poignées les cheveux pour les déposer sur le cadavre. Néanmoins, le soldat ne battit pas en retraite; mais redoublant d'instances, il essaya de faire prendre à la pauvre femme un peu de nourriture; tant qu'enfin la servante, séduite sans doute par le bouquet du vin, succomba la première et tendit d'elle-même à l'offre charitable du tentateur une main qui s'avouait vaincue. Puis, réconfortée par la boisson et la nourriture, elle entreprit de battre en brèche l'obstination de sa maîtresse: "Que te servira, lui dit-elle, de te laisser consumer par la faim, de t'enterrer vivante, de rendre une âme innocente, avant le temps marqué par les destins? (. . .) Ah! reviens à l'existence! Secoue ce préjugé féminin; et, pendant tout le temps qu'il t'est permis, goûte les joies de la lumière. Ce corps même qui gît sous tes yeux doit t'encourager à jouir de la vie." Personne n'entend sans plaisir la voix qui vous invite à manger, à vivre. Aussi la dame, exténuée par plusieurs jours de jeûne, laissa fléchir son obstination; et elle se restaura avec non moins d'appétit que la servante qui s'était rendue la première.

Mais vous savez quelles tentations d'un autre genre éveille en nous un estomac bien rempli. Usant des mêmes cajoleries qui avaient déterminé la dame à vouloir bien continuer à vivre, notre militaire entreprit alors le siège de sa vertu. Le jeune homme ne manquait ni de grâce ni d'éloquence aux yeux de notre prude; et la servante s'entremettait pour lui. (. . .)

Bref, sans plus d'ambages, cette partie même du corps de la belle ne sut pas garder l'abstinence, et notre heureux guerrier la persuada sur l'un et l'autre chapitre. Ils dormirent ensemble non seulement la nuit où ils consommèrent leur hymen, mais le lendemain encore et le surlendemain, toutes portes du caveau fermées, bien entendu; si bien que quiconque, ami ou inconnu, fût venu jusqu'à la tombe, eût pensé que la très chaste épouse avait rendu l'âme sur le corps de son mari.

Cependant le soldat, charmé de la beauté de sa conquête et du secret de leurs amours, achetait toutes les bonnes choses que lui permettaient ses ressources; et sitôt la nuit tombante il les portait au monument. Aussi les parents d'un crucifié, voyant que la surveillance s'était relâchée, détachèrent nuitamment le pendu et lui rendirent les derniers devoirs, tandis que notre gardien, n'ayant d'yeux que pour son amour, en oubliait sa consigne. Mais lorsque le lendemain il vit une croix sans son cadavre, effrayé du supplice qui le menaçait, vite il va raconter à la veuve le malheur qui lui arrive: il n'attendra pas, dit-il, la sentence du juge, et sa propre épée fera justice de sa négligence. Qu'elle consente seulement à lui prêter un endroit pour mourir, et que ce fatal monument réunisse à la fois l'amant et l'époux. Mais la dame, non moins pitoyable que vertueuse: "Aux dieux ne plaise, dit-elle, que je voie périr en même temps les deux êtres qui me furent les plus chers au monde. J'aime mieux pendre le mort que perdre le vivant." Conformément à ce discours, elle donne ordre que le corps du mari soit tiré de la bière et cloué à la croix vacante. Le soldat suivit l'inspiration de cette femme si sage. Et, le lendemain, le peuple étonné se demandait par quel miracle le mort s'était allé mettre en croix. »

II

Les textes de l'œuvre du philosophe Zhuang (ou comme il sera dit note 1, Zhuangzi, ou Tchouang-Tsé) présentés ci-dessous conduisent (en le précédant) au conte de la matrone, que le Père d'Entrecolles a traduit. J'ai cru utile de les reproduire pour mieux situer le conte de la matrone, tel qu'il a été transmis par les Pères d'Entrecolles et Du Halde.

Pour l'œuvre philosophique de Zhuang Zhou, j'ai recouru à la traduction publiée par Tchang Fou-Jouei, *Zhuangzi. Initiation à la langue classique chinoise à partir d'extraits de Zhuangzi*, Paris, Librairie You-Feng, 1989.

ZHUANG Zhou[2], *Zhuangzi* (IVᵉ avant J.-C.)

« Jadis Zhuang Zhou rêva qu'il était un papillon voltigeant et satisfait de son sort et ignorant qu'il était Zhou lui-même. Brusquement il s'éveilla et s'aperçut avec étonnement qu'il était clairement Zhou. Il ne sut plus si c'était Zhou, rêvant qu'il était un papillon, ou un papillon rêvant qu'il était Zhou. Entre lui et le papillon il y avait une différence. C'est là ce qu'on appelle le changement (de l'apparence) des êtres. » (*Zhuangzi: Qiwulun*, 1989, p. 33)

« Alors que Zhuangzi pêchait à la ligne dans la rivière Pu (du Shangdong), le roi de Chu envoya deux de ses hauts fonctionnaires pour le prévenir de son intention. "Notre roi, lui dirent-ils, désirerait vous importuner pour vous confier la charge des affaires de son territoire (poste de premier ministre)." En tenant sa ligne dans l'eau, sans même tourner la tête, Zhuangzi leur dit: "J'ai entendu dire qu'il y a à Chu une tortue sacrée morte depuis trois mille ans. Votre roi conserve sa carapace dans un panier enveloppé d'un linge, dans le haut du temple de ses ancêtres. Cette tortue aurait-elle préféré mourir pour qu'on honorât sa carapace ou aurait-elle préféré vivre en traînant sa queue dans la boue? — Elle aurait préféré vivre en traînant sa queue dans la boue, dirent les deux hauts fonctionnaires. — Allez-vous-en! dit Zhuangzi, je préfère moi aussi traîner ma queue dans la boue." » (*Zhuangzi: Qiushui*, 1989, pp. 141–143)

---

2 Telle est la graphie actuelle de Tchouang-Tsé (voir ci-dessus pp. 10–11). En Europe il est aussi connu sous le nom de Zhuangzi [maître Zhuang], qui est également le titre de l'ouvrage qu'on lui a attribué traditionnellement. Son nom de famille était Zhuang, et son prénom Zhou.

« Un certain prince fit inviter Zhuangzi à devenir son ministre (. . .)
Zhuangzi répondit à l'envoyé: "Avez-vous vu le boeuf destiné au sacrifice? Il est revêtu d'une housse brodée et reçoit une provende d'herbe
et de haricots, mais un jour lorsqu'il est conduit au grand temple des
ancêtres royaux pour y être abattu, même s'il voudrait bien alors être
un veau solitaire dont personne ne s'occupe, le peut-il!" » (*Zhuangzi:
Lieyukou*, 1989, pp. 335–337)

« Zhuangzi se rendait à la principauté de Chu et vit un crâne
décharné mais intact, il le frappa du bout de sa cravache et l'interrogea:
"Est-ce parce que tu as trop aimé la vie et négligé la loi de la nature
que tu es parvenu à cet état? Ou bien est-ce que parce qu'on a ruiné
ton pays et qu'on t'a tué par la hache que tu es parvenu à cet état? Ou
bien est-ce que parce que tu as commis des actes infâmes et que tu es
mort de honte, de peur de laisser une mauvaise réputation à ton père,
à ta mère, à ta femme et à tes enfants que tu es parvenu à cet état? Ou
bien est-ce que parce que tu as subi la misère du froid et de la faim
que tu es parvenu à cet état? Ou bien est-ce que parce que tu avais
atteint l'âge où l'on meurt naturellement?" Après avoir terminé ses
paroles, Zhuangzi tira le crâne près de lui, s'en fit un oreiller et s'en-
dormit. A minuit, le crâne lui apparut en songe et lui dit: "Vous m'avez
parlé comme un beau parleur. D'après ce que vous venez de dire, ce
sont les peines de l'homme vivant, ces peines n'existent plus pour
l'homme mort. Voulez-vous entendre ce que je vais dire sur les plaisirs
de la mort? — Volontiers, dit Zhuangzi. — Après la mort, dit le crâne,
on n'a plus de souverain en haut, ni de gouverné en bas, on n'a plus
aussi les travaux (les corvées, les tracasseries, les ennuis. . .) des quatre
saisons librement, tout à son aise, on a le même âge que le ciel et la
terre, la joie même d'un roi ne saurait surpasser celle de la mort."
Zhuangzi ne voulant pas le croire lui dit: "Si j'obtenais de la divinité
préposée au destin que ton corps avec ses os, ses muscles, sa chair, sa
peau, te soit rendu et que tu puisses retrouver ton père, ta mère, ta
femme, tes enfants, tes voisins et tes connaissances, le désirerais-tu?"
Fronçant les sourcils, retroussant le nez et faisant une grimace
méprisante, le crâne répliqua: "Comment pourrais-je renoncer à ma
joie royale pour subir de nouveau les souffrances humaines?" »
(*Zhuangzi: Zhile*, 1989, pp. 151–155)

« La femme de Zhuangzi étant morte, Huizi alla lui offrir ses
condoléances. Il trouva Zhuangzi assis les jambes écartées en forme
de van et chantant en battant la mesure sur une cuvette. Huizi lui dit:

"Que vous ne pleuriez pas la mort de celle qui fut la compagne de votre vie et qui vous donna des fils et filles et éleva vos enfants, c'est déjà assez singulier, mais que vous chantiez en battant la cuvette, c'est vraiment trop fort! — Pas du tout, dit Zhuangzi. Au moment de sa mort, est-il possible que je n'aie pas été affecté un instant? Mais réfléchissant sur le commencement, je compris qu'à l'origine elle n'avait pas de vie, non seulement elle n'avait pas de vie, mais même pas de forme, non seulement pas de forme, mais même pas de souffle. Quelque chose indistincte et insaisissable se transforme en souffle, le souffle se change en forme, la forme se change en vie, et maintenant voici que la vie se transforme en mort. Les phrases de mort et de vie s'enchaînent, tout cela ressemble à la succession des quatre saisons de l'année. En ce moment, ma femme est couchée tranquillement dans la grande maison (l'entre-deux du ciel et de la terre). Si je me lamentais en sanglotant bruyamment comme les autres, cela montrerait que je ne comprends pas la réalité de la vie. C'est pourquoi je cesse de pleurer." » (*Zhuangzi: Zhile*, 1989, pp. 147–151)

III

Les Pères d'Entrecolles et Du Halde ont apporté des modifications au conte chinois original, celui que le lettré Feng Menglong a édité en 1624 dans le deuxième de ses *Trois recueils de contes (Sanyen, 1621–1627): Histoires pour mettre en garde (Jingshi tongyani)*[3]. Deux de ces modifications seront indiquées dans les notes en bas de page, en suivant la traduction de Rainier Lanselle.

DU HALDE (le Père), *Description (. . .) de la Chine* (1735)
tome III, pp. 326–338,
reproduisant la traduction du Père d'Entrecolles

NB.: Comme pour le texte de Lemonnier, j'ai modernisé la graphie de ce texte et la ponctuation.

---

3   Concernant la vie de Feng Menglong, voir l'Introduction des *Spectacles curieux d'au-jourd'hui et d'autrefois (Jingu qiguan)*, texte traduit, présenté et annoté par Rainier Lanselle, Paris, Gallimard « La Pléiade », 1996, pp. XXVII-XVIII. Ce livre de La Pléiade reproduit en traduction une anthologie de contes, parue en Chine « entre 1640 (ou un peu avant) et 1644 ». L'auteur de cette anthologie est anonyme; il avait lui-même repris vingt-neuf contes, édités dans les *Trois recueils de contes*, de Feng Menglong. L'un de ces vingt-neuf contes concerne la matrone chinoise.

« Sur la fin de la dynastie des Tcheou, parut à la Chine un fameux philosophe appelé Tchouang-Tsé.(. . .) Il se fit disciple d'un sage appelé Lao-Tsé(. . .).

Toutes les fois que Tchouang-Tsé dormait, son sommeil était interrompu par un songe. Il s'imaginait être un gros papillon voltigeant çà et là, ou dans un verger, ou dans une prairie. L'impression de ce songe était si forte que même à son réveil il croyait avoir les ailes attachées aux épaules, et qu'il était prêt de voler. Il ne savait que penser d'un rêve si fréquent et si extraordinaire.

Un jour profitant d'un moment de loisir, après un discours de son maître Lao-Tsé (. . .), il lui proposa le songe qui se formait si souvent dans son imagination, et lui en demanda l'explication.

"La voici, répondit cet homme admirable, qui n'ignorait rien des merveilles de la nature. La cause de ce songe opiniâtre se doit chercher dans les temps qui ont précédé celui où vous vivez. Sachez qu'au temps que le chaos se débrouilla et que cet univers fut formé, vous étiez un beau papillon blanc. Les eaux furent la première production du ciel; la seconde, ce furent les arbres et les plantes dont la terre fut parée, car tout fleurit et brilla à l'instant. Ce beau papillon blanc errait à son gré, et allait flairer les fleurs les plus exquises. Il sut même tirer du soleil et de la lune des agréments infinis; il se procura enfin une force qui le rendit immortel. Ses ailes étaient grandes et presque arrondies: son vol était rapide.

Un jour qu'il prenait ses ébats, il s'attacha à des fleurs du jardin de plaisance de la grande Reine, où il avait trouvé le secret de s'insinuer, et gâta quelques boutons à peine entrouverts. L'oiseau mystérieux à qui on avait confié la garde de ce jardin, donna au papillon un coup de bec, dont il mourut.

Il laissa donc sans vie son corps de papillon; mais l'âme qui était immortelle, ne se dissipa point; elle a passé en d'autres corps, et aujourd'hui elle se trouve dans celui de Tchouang-Tsé. C'est là ce qui met en vous de si heureuses dispositions à devenir un grand philosophe capable de s'élever, d'acquérir l'art que j'enseigne, de se purifier par un entier détachement, et de s'établir dans la parfaite connaissance d'esprit et de cœur (. . .)".

Tchouang-Tsé (. . .) lisait sans cesse, il méditait (. . .); et se mit à voyager dans l'espérance d'acquérir de belles connaissances, et de faire de nouvelles découvertes.

Cependant, quelque ardeur qu'il eût pour le dégagement et le repos du cœur, il ne renonça pas aux plaisirs de l'union conjugale. Il se maria successivement jusqu'à trois fois. Sa première femme lui fut promptement enlevée par une maladie. Il répudia la seconde pour une infidélité dans laquelle il l'avait surprise. La troisième sera l'objet de cette histoire.

Elle s'appelait Tien, et descendait des rois de Tsi (. . .).

Cette nouvelle épouse l'emportait de beaucoup sur les deux autres qu'il avait eues. Elle était bien faite, d'un teint blanc et fleuri, et d'un caractère d'esprit qui joignait une douceur aimable à une vivacité surprenante. Aussi, quoique ce philosophe ne fût pas naturellement passionné, il aima tendrement cette dernière épouse (. . .).

Cependant le Roi de Tsou (. . .) étant informé de la haute réputation de Tchouang-Tsé, prit le dessein de l'attirer dans ses États: il lui députa des officiers de sa cour avec de riches présents en or et en soieries, pour l'inviter à entrer dans son Conseil en qualité de premier Ministre.

Tchouang-Tsé loin de se laisser éblouir à ces offres, répondit en soupirant par cet apologue: "Une génisse destinée aux sacrifices et nourrie depuis longtemps avec délicatesse, marchait en pompe, chargée de tous les ornements dont on pare les victimes. Au milieu de cette espèce de triomphe, elle aperçut sur sa route des bœufs attelés, qui suaient sous la charrue. Cette vue redoubla sa fierté. Mais, après avoir été introduite dans le temple, lorsqu'elle vit le couteau levé et prêt à l'immoler, elle eût bien voulu être à la place de ceux dont elle méprisait le malheureux sort. Ses souhaits furent inutiles: il lui en coûta la vie." Ce fut ainsi que Tchouang-Tsé refusa honnêtement et les présents et les offres du Roi.

Peu après il se retira avec sa femme dans le royaume Song, qui était sa terre natale. Il choisit pour sa demeure l'agréable montagne Nan-Hoa (. . .), afin d'y passer sa vie en philosophe et d'y goûter loin du bruit et du tumulte les innocents plaisirs de la campagne.

Un jour qu'il promenait ses rêveries au bas de la montagne, il se trouva insensiblement proche des sépultures de l'habitation voisine. Cette multitude de tombeaux le frappa. "Hélas! s'écria-t-il en gémissant, les voilà donc tous égaux; il n'y a plus de rang ni de distinction. L'homme le plus ignorant et le plus stupide est confondu avec le sage: un sépulcre est enfin la demeure éternelle de tous les hommes: quand on a une fois pris sa place dans le séjour des morts, il n'y a plus de retour à la vie."

Après s'être occupé pendant quelque temps de ces tristes réflexions, il avança le long de cette sépulture. Il se trouva, sans y penser, près d'un tombeau nouvellement construit. La petite éminence, faite de terre battue, n'était pas encore entièrement sèche. Tout auprès était assise une jeune demoiselle, qu'il n'avait pas aperçue d'abord. Elle était en grand deuil, c'est-à-dire qu'elle était vêtue d'un long habit blanc de grosse serpillière sans couture. Elle était placée un peu à côté du sépulcre, tenant à la main un éventail blanc, dont elle éventait sans cesse l'extrémité supérieure du tombeau.

Tchouang-Tsé, surpris de cette aventure: "Oserais-je, lui dit-il, vous demander de qui est ce tombeau, et pourquoi vous vous donnez tant de peine à l'éventer? Sans doute qu'il y a en cela quelque mystère que j'ignore." La demoiselle, sans se lever, comme la civilité semblait l'exiger, et continuant toujours à remuer l'éventail, dit quelques mots entre ses dents et répandit des larmes; ce qui faisait voir que la honte, plutôt que sa timidité naturelle, l'empêchait de s'expliquer.

Enfin elle lui fit cette réponse: "Vous voyez une veuve au pied du tombeau de son mari: la mort me l'a malheureusement ravi. Celui dont les os reposent sous cette tombe, m'a été bien cher durant sa vie: il m'aimait avec une égale tendresse. Même en expirant, il ne pouvait me quitter. Voici quelles furent ses dernières paroles: 'Ma chère épouse, me dit-il, si dans la suite tu songeais à un nouveau mariage, je te conjure d'attendre que l'extrémité de mon tombeau, qui doit être d'une terre mouillée et battue, soit entièrement desséchée. Je te permets alors de te remarier.' Or j'ai fait réflexion que la surface de cette terre nouvellement amoncelée ne sécherait pas aisément; c'est pourquoi vous me voyez occupée à l'éventer continuellement, afin de dissiper l'humidité. "

À un aveu si naïf, le philosophe eut bien de la peine à s'empêcher de rire. Il se posséda néanmoins. Il se disait en lui-même: voilà une femme bien pressée; comment ose-t-elle se vanter d'avoir aimé son mari, et d'en avoir été aimée? Qu'eût-elle donc fait, s'ils se fussent haïs? Puis, lui adressant la parole: "Vous souhaitez donc, lui dit-il, que le dessus de ce tombeau soit bientôt sec? Mais étant aussi délicate que vous êtes, vous serez bientôt lasse, et les forces vous manqueront. Agréez que je vous aide." Aussitôt la demoiselle se leva et, faisant une profonde révérence, elle accepta l'offre et lui présenta un éventail tout semblable au sien.

Alors Tchouang-Tsé, qui avait l'art d'évoquer les esprits, les appela à son secours. Il donna quelques coups d'éventail sur le tombeau, et bientôt toute l'humidité disparut[4]. La demoiselle, après avoir remercié

---

4 « Le sage alors, usant de certain pouvoir magique qu'il avait, fit si bien qu'en quelques coups d'éventail seulement toute l'humidité fut chassée du tertre, qui devint sec en un instant » (traduction de Rainier Lanselle, p. 817.)

son bienfaiteur avec un visage gai et riant, tira d'entre ses cheveux une aiguille de tête d'argent, et la lui présenta avec l'éventail dont elle s'était servie, le priant d'accepter ce petit présent comme une marque de sa reconnaissance. Tchouang-Tsé refusa l'aiguille de tête, et retint l'éventail. Après quoi la demoiselle se retira fort satisfaite: sa joie éclatait à sa contenance et à sa démarche.

Pour ce qui est de Tchouang-Tsé, il demeura tout interdit; et s'abandonnant aux réflexions qui naissaient d'une pareille aventure, il retourna dans sa maison. Assis dans sa salle, où il se croyait seul, il considéra pendant quelque temps l'éventail qu'on venait de lui donner, puis jeta un grand soupir. (. . .)

La dame Tien était derrière son mari, sans en être aperçue. (. . .) Elle s'avança tant soit peu; et se faisant voir: "Peut-on savoir, lui dit-elle, ce qui vous fait soupirer et d'où vient cet éventail que vous tenez à la main?" Tchouang-Tsé lui raconta l'histoire de la jeune veuve, et tout ce qui s'était passé au tombeau de son mari, où il l'avait trouvée.

À peine eut-il achevé son récit que la dame Tien, le visage allumé d'indignation et de colère, et comme si elle eût cherché des yeux cette jeune veuve, la chargea de mille malédictions, l'appela l'opprobre du genre humain, et la honte de son sexe. Puis regardant Tchouang-Tsé: "Je l'ai dit, et il est vrai, c'est là un monstre d'insensibilité. Se peut-il trouver nulle part un si mauvais cœur?"

Tchouang-Tsé, sans trop l'écouter, et suivant les divers mouvements qui l'agitaient, dit les quatre vers suivants:

Tandis qu'un mari est en vie, quelle est la femme qui ne le flatte et ne le loue?

Est-il mort? La voilà prête à prendre l'éventail, pour faire au plus tôt sécher le tombeau.

La peinture représente bien l'extérieur d'un animal, mais elle ne montre pas ce qu'il est au-dedans.

On voit le visage d'une personne, mais on ne voit pas le cœur.

À ce discours-là, Tien entra dans une grande colère. "Les hommes, s'écria-t-elle, sont tous égaux quant à leur nature. C'est la vertu ou le vice qui met entre eux de la distinction. Comment avez-vous la hardiesse de parler de la sorte en ma présence? De condamner toutes les femmes, et de confondre injustement celles qui ont de la probité, avec des malheureuses qui ne méritent pas de vivre? N'avez-vous pas honte de porter des jugements si injustes, et ne craignez-vous pas d'en être puni? — À quoi bon tant de déclamations? répliqua le philosophe. Avouez-le de bonne foi: si je venais à mourir maintenant, restant comme vous êtes, à la fleur de votre âge, avec la beauté et l'enjoue-

ment que vous avez, seriez-vous d'humeur à laisser couler trois, et
même cinq années, sans penser à un nouveau mariage, ainsi que le
grand rit[e] l'ordonne? — Ne dit-on pas, répondit la dame: un grand
qui est fidèle à son prince, renonce à tout emploi après la mort de son
légitime maître? Une vertueuse veuve ne pense jamais à un second
mari. A-t-on jamais vu des dames de mon rang qui, après avoir été
mariées, aient passé d'une famille à une autre, et qui aient quitté le lit
de leurs noces, après avoir perdu leur époux? Si pour mon malheur
vous me réduisiez à l'état de veuve, sachez que je serais incapable d'une
telle action, qui serait la honte de notre sexe, et que de secondes noces
ne me tenteraient pas, je ne dis point avant le terme de trois ou de cinq
ans, mais durant toute la vie. Oui, cette pensée ne me viendrait pas
même en songe. C'est là ma résolution, et rien ne pourrait m'ébranler.
— De semblables promesses, reprit Tchouang-Tsé, se font aisément,
mais elles ne se gardent pas de même."

Ces paroles mirent encore la dame de mauvaise humeur, et
elle éclata en paroles peu respectueuses. "Sachez, dit-elle, qu'une
femme a souvent l'âme plus noble et plus constante dans son
affection conjugale, que ne l'a un homme de votre caractère. Ne
dirait-on pas que vous êtes un parfait modèle de fidélité? Votre
première femme meurt, peu après vous en prenez une seconde;
celle-ci, vous la répudiez; je suis enfin la troisième. Vous jugez des
autres par vous-même, et c'est pour cela que vous en jugez mal. Pour
ce qui est de nous autres femmes mariées à des philosophes, qui faisons
profession comme eux d'une vertu austère, il nous est bien moins
permis de nous remarier: si nous le faisions, nous deviendrions un
objet de risée. Mais encore à quoi bon ce langage, et quel plaisir
prenez-vous à me chagriner? Vous vous portez bien; et pourquoi
chercher à me déplaire, en faisant la désagréable supposition que vous
êtes mort, et que. . .".

Alors, sans rien dire davantage, elle se jette sur l'éventail que son
mari tenait à la main: elle le lui arrache, et de dépit elle le met en pièces.
"Calmez-vous, dit Tchouang-Tsé, votre vivacité me fait plaisir; et je
suis ravi que vous preniez feu sur un pareil sujet." La dame se calma
en effet, et on parla d'autre chose.

À quelques jours de là, Tchouang-Tsé tomba dangereusement
malade, et bientôt il fut à l'extrémité. La dame son épouse ne quittait
pas le chevet du lit, fondant en pleurs, poussant de continuels sanglots.
"À ce que je vois, dit Tchouang-Tsé, je n'échapperai pas de cette
maladie: ce soir ou demain matin, il faudra nous dire un éternel adieu.
Quel dommage que vous ayez mis en pièces l'éventail que j'avais

apporté: il vous aurait servi à éventer et faire sécher la couche de chaux et de terre, dont mon tombeau sera enduit. — Eh! de grâce, Monsieur, s'écria la dame, en l'état où vous êtes, ne vous mettez pas dans la tête des soupçons si chagrinants pour vous, et si injurieux pour moi. (. . .) Mon cœur vous a été une fois donné: il ne sera jamais à d'autre, je vous le jure; et si vous doutez de ma sincérité, je consens, et je demande de mourir avant vous, afin que vous soyez bien persuadé de mon fidèle attachement. — Cela suffit, reprit Tchouang-Tsé; je suis rassuré sur la constance de vos sentiments à mon égard. Hélas! je sens que j'expire, et mes yeux se ferment à jamais pour vous." Après ces paroles, il demeura sans respiration et sans le moindre signe de vie.

Alors la dame éplorée, et jetant les plus hauts cris, embrassa le corps de son mari et le tint longtemps serré entre ses bras. Après quoi, elle l'habille et le place proprement dans un cercueil. Elle prend ensuite le grand deuil. Nuit et jour, elle fait retentir tous les environs de ses plaintes et de ses gémissements, et donne les démonstrations de la plus vive douleur. Elle la portait à un tel excès qu'on eût dit qu'elle était à demi folle: elle ne voulait prendre ni nourriture ni sommeil.

Les habitants de l'un et l'autre côté de la montagne vinrent rendre les derniers devoirs au défunt, qu'ils savaient être un sage du premier ordre.

Lorsque la foule commençait à se retirer, on vit arriver un jeune bachelier, bien fait et d'un teint brillant: rien de plus galant que sa parure. Il avait un habit de soie violet, et un bonnet de lettré fort propre, une ceinture brodée, et des souliers tout à fait mignons. Un vieux domestique le suivait. Ce seigneur fit savoir qu'il descendait d[es rois d]e Tsou.

"Il y a quelques années, dit-il, que j'avais déclaré au philosophe Tchouang-Tsé, que j'étais dans la résolution de me faire son disciple: je venais à ce dessein. Et j'apprends à mon arrivée qu'il est mort. Quel dommage, quelle perte!"

Aussitôt il quitte son habit de couleur et se fait apporter un habit de deuil. Ensuite, s'étant rendu près du cercueil, il frappa quatre fois de la tête contre terre, et s'écria d'une voix entrecoupée de sanglots: "Sage et savant Tchouang, votre disciple est malheureux, puisqu'il n'a pu vous trouver en vie et profiter à loisir de vos leçons. Je veux au moins vous marquer mon attachement et ma reconnaissance, en restant ici en deuil pendant l'espace de cent jours." Après ces dernières paroles, il se prosterna encore quatre fois, arrosant la terre de ses larmes.

Ensuite il demanda à voir la dame pour lui faire son compliment: elle s'excusa deux ou trois fois de paraître. Ouang-Sun (c'est le nom de ce jeune seigneur) représenta que, selon les anciens rit[e]s, les femmes pouvaient se laisser voir, lorsque les intimes amis de leur mari lui rendaient visite. "J'ai encore, ajouta-t-il, plus de raison de jouir de ce privilège, puisque je devais loger chez le savant Tchouang-Tsé en qualité de son disciple."

À ces instances, la dame se laisse fléchir: elle sort de l'intérieur de sa maison, et d'un pas lent elle s'avance dans la salle pour recevoir les compliments de condoléances. Ils se firent en peu de mots, et en termes généraux.

Dès que la dame vit les belles manières, l'esprit et les agréments de ce jeune seigneur, elle en fut charmée; et elle sentit au fond de l'âme les mouvements d'une passion naissante, qu'elle ne démêlait pas bien elle-même, mais qui lui firent souhaiter qu'il ne s'éloignât pas si tôt.

Ouang-Sun la prévint en disant: "Puisque j'ai eu le malheur de perdre mon maître, dont la mémoire me sera toujours chère, j'ai envie de chercher ici près un petit logement, où je resterai les cent jours de deuil, puis j'assisterai aux funérailles. Je serais bien aise aussi de lire durant ce temps-là les ouvrages de cet illustre philosophe: ils me tiendront lieu des leçons dont je suis privé. — Ce sera un honneur pour notre maison, répondit la dame. Je n'y vois d'ailleurs aucun inconvénient." Sur quoi, elle prépara un petit repas, et le fit servir. Pendant le repas, elle ramassa (. . .) les compositions de Tchouang-Tsé; (. . .) et elle vint offrir le tout à Ouang-Sun, qui le reçut avec sa politesse naturelle.

À côté de la salle du mort où était le cercueil, il y avait sur une des ailes deux chambres qui regardaient cette salle, toute ouverte par devant: elles furent destinées au logement du jeune seigneur. La jeune veuve venait fréquemment dans cette salle pour pleurer sur le cercueil de son mari. Puis, en se retirant, elle disait quelques mots d'honnêteté à Ouang-Sun, qui se présentait pour la saluer. Dans ces fréquentes entrevues, bien des œillades échappaient, qui trahissaient les cœurs de l'un et de l'autre.

Ouang-Sun était déjà à demi pris, et la veuve l'était tout à fait. Ce qui lui faisait plaisir, c'est qu'ils se trouvaient placés à la campagne, et dans une maison peu fréquentée, où les manquements aux rit[e]s du deuil ne pouvaient guère éclater. Mais comme il coûte toujours à une femme de faire les premières démarches, elle s'avisa d'un expédient. Elle fit venir secrètement le vieux domestique du jeune seigneur. Elle lui fit d'abord boire quelques coups de bon vin; elle le flatta et l'amadoua; ensuite elle vint insensiblement jusqu'à lui demander si son maître était marié. "Pas encore, répondit-il. — Eh! continua-t-elle, quelles qualités voudrait-il trouver dans une personne, pour en faire son épouse?"

Le valet, que le vin avait rendu gai, répliqua aussitôt: "Je lui ai ouï dire que s'il s'en trouvait une qui vous ressemblât, il serait au comble de ses désirs." Cette femme, sans pudeur, repartit incontinent: "Ne mens-tu point? M'assures-tu qu'il ait parlé de la sorte? — Un vieillard comme moi, répondit-il, serait-il capable de mentir, et aurait-il le front d'en imposer à une personne de votre mérite? — Hé bien! poursuivit-elle, tu es très propre à ménager mon mariage avec ton maître. Tu ne perdras pas ta peine. Parle-lui de moi, et si tu vois que je lui agrée, assure-le que je regarderais comme un grand bonheur d'être à lui. — Il n'est pas besoin de le sonder sur cet article, dit le valet, puisqu'il m'a avoué franchement qu'un pareil mariage serait tout à fait de son goût. Mais, ajoutait-il, cela n'est pas possible, parce que je suis disciple du défunt: on en gloserait dans le monde. — Bagatelle que cet empêchement! reprit la veuve passionnée. Ton maître n'a point été réellement disciple de Tchouang-Tsé: il n'avait fait que promettre de le devenir; ce n'est pas l'avoir été. D'ailleurs étant à la campagne et à l'écart, qui songerait à parler de notre mariage? Va, quand il surviendrait quelque autre empêchement, tu es assez habile pour le lever, et je reconnaîtrai libéralement tes services." Elle lui versa en même temps plusieurs coups d'excellent vin, pour le mettre en bonne humeur.

Il promit donc d'agir; et comme il s'en allait, elle le rappela. "Écoute, dit-elle, si ce seigneur accepte mes offres, viens au plus tôt m'en apporter la nouvelle, à quelque heure du jour et de la nuit que ce soit, je t'attendrai avec impatience."

Depuis qu'elle l'eut quitté, elle fut d'une inquiétude extraordinaire: elle alla bien des fois dans la salle sous divers prétextes; mais au fond, c'était pour approcher un peu de la chambre du jeune seigneur. À la faveur des ténèbres, elle écoutait à la fenêtre de la chambre, se flattant qu'on y parlait de l'affaire qu'elle avait si fort à cœur.

Pour lors, passant assez près du cercueil, elle entendit quelque bruit. Elle tressaillit de peur. "Hé quoi! dit-elle, toute émue, serait-ce que le défunt donnerait quelque signe de vie?" Elle rentre au plus tôt dans sa chambre; et, prenant la lampe, elle vient voir ce qui avait causé ce bruit. Elle trouve le vieux domestique étendu sur la table posée devant le cercueil pour y brûler des parfums et y placer des offrandes à certaines heures. Il était là à cuver le vin que la dame lui avait fait boire. Toute autre femme aurait éclaté à une pareille irrévérence à l'égard du mort. Celle-ci n'osa se plaindre, ni même éveiller cet ivrogne. Elle va donc se coucher; mais il ne lui fut pas possible de dormir.

Le lendemain, elle rencontra ce valet, qui se promenait froidement, sans songer même à lui rendre réponse de sa commission. Ce froid et ce silence la désolèrent. Elle l'appela, et l'ayant introduit dans sa chambre: "Eh bien, dit-elle, comment va l'affaire dont je t'ai chargé? — Il n'y a rien à faire, répondit-il sèchement. — Eh! pourquoi donc? reprit cette femme effrontée. Sans doute tu n'auras pas retenu ce que je t'ai prié de dire de ma part, ou tu n'as pas su le faire valoir. — Je n'ai rien oublié, poursuivit le domestique; mon maître a été même ébranlé: il trouve l'offre avantageuse et est satisfait de ce que vous avez répliqué sur l'obstacle qu'il trouvait d'abord dans sa qualité de disciple de Tchouang-Tsé. Ainsi cette considération ne l'arrête plus. Mais, m'a-t-il dit, il y a trois autres obstacles insurmontables; et j'aurais de la peine à les déclarer à cette jeune veuve. — Voyons un peu, reprit la dame, quels sont ces trois obstacles. — Les voici, poursuivit le vieux domestique, tels que mon maître me les a rapportés. 1° Le cercueil du mort étant exposé encore dans la salle, c'est une scène bien lugubre: comment pourrait-on s'y réjouir et célébrer des noces? 2° L'illustre Tchouang-Tsé ayant si fort aimé sa femme, et elle ayant témoigné pour lui une si tendre affection fondée sur sa vertu et sa grande capacité, j'ai lieu de craindre que le cœur de cette dame ne reste toujours attaché à son premier mari, surtout lorsqu'elle trouvera en moi si peu de mérite. 3° Enfin, je n'ai pas ici mon équipage; je n'ai ni meubles ni argent. Où prendre des présents de noces et de quoi faire des repas? Dans le lieu où nous sommes, je ne trouverais pas même à qui emprunter. Voilà, madame, ce qui l'arrête. — Ces trois obstacles, répondit cette femme passionnée, vont être levés à l'instant, et il ne faut pas beaucoup y rêver. Quant au premier article, cette machine lugubre, que renferme-t-elle? Un corps inanimé, un cadavre infect, dont il n'y a rien à espérer et qu'on ne doit pas craindre. J'ai dans un coin de mon terrain une vieille masure: quelques paysans du voisinage que je ferai venir, y transporteront cette machine, sans qu'elle paraisse ici davantage. Voilà déjà un obstacle de levé. Quant au second article. Ah! vraiment feu mon mari était bien ce qu'il paraissait être, un homme d'une rare vertu et d'une grande capacité! Avant que de m'épouser, il avait déjà répudié sa seconde femme: c'était un beau ménage, comme tu vois. (. . .) Il n'y a qu'un mois que se promenant seul au bas de la montagne, il rencontra une jeune veuve occupée à faire sécher à coups d'éventail l'extrémité supérieure du tombeau de son mari, parce qu'elle ne devait se [re]marier que quand il serait sec. Tchouang l'accosta, la cajola, lui ôta des mains l'éventail, et se mit à en jouer pour lui plaire, en séchant au plus vite le tombeau. Ensuite il voulut retenir cet éventail, comme un gage de son amitié, et l'apporta ici. Mais je lui arrachai des mains et le mis en pièces. Étant sur le point de mourir, il remit cette histoire sur le tapis, ce qui nous brouilla encore ensemble. Quels bienfaits ai-je reçus de lui, et quelle amitié m'a-t-il tant témoignée? Ton maître est jeune; il aime l'étude: il se fera immanquablement un nom dans la littérature. Sa naissance le rend déjà illustre; il est comme moi du sang des rois. Voilà entre nous un rapport admirable de conditions. C'est le Ciel qui l'a conduit ici pour nous unir. Telle est notre destinée. Il ne reste plus que le troisième empêchement. Pour ce qui regarde les bijoux et le repas des noces, c'est moi qui y pourvoirai. Crois-tu que j'aie été assez simple pour ne pas me faire un petit trésor de mes épargnes? Tiens, voilà déjà vingt talles [* taëls]. Va les offrir à ton maître; c'est pour avoir des habits neufs. Pars au plus vite, et informe-le bien de tout ce que je viens de te dire. S'il donne son consentement, je vais tout préparer pour célébrer ce soir même la fête de notre mariage."

Le valet reçut les vingt talles et alla rapporter tout l'entretien à Ouang-Sun, qui enfin donna le consentement si fort souhaité. Dès que la dame eut appris cette agréable nouvelle, elle fit éclater sa joie en cent manières. Elle quitte aussitôt ses habits de deuil, elle se pare, s'ajuste, se farde, tandis que, par ses ordres, on transporte le cercueil dans la vieille masure. La salle fut à l'instant nettoyée et ornée pour la cérémonie de l'entrevue et des noces. En même temps on préparait le festin, afin que rien ne manquât à la réjouissance.

Sur le soir, on parfuma d'odeurs exquises le lit des nouveaux mariés; la salle fut éclairée d'un grand nombre de belles lanternes garnies de flambeaux. Sur la table du fond était le grand cierge nuptial. Lorsque tout fut prêt, Ouang-Sun parut avec un habit et un ornement de tête, qui relevaient beaucoup la beauté de ses traits et de sa taille. La dame vint aussitôt le joindre, couverte d'une longue robe de soie, enrichie d'une broderie très fine. Ils se placèrent l'un à côté de l'autre, vis-à-vis le flambeau nuptial. C'était un assemblage charmant. Ainsi rapprochés, ils se donnaient mutuellement de l'éclat l'un à l'autre, à peu près comme des pierreries et des perles rehaussent la beauté d'un drap d'or et en paraissent plus belles.

Après avoir fait les révérences accoutumées dans une pareille cérémonie et s'être souhaité toutes sortes de prospérités dans leur mariage, ils se prirent par la main et passèrent dans l'appartement intérieur: là ils pratiquèrent le grand rit[e], de boire tous deux l'un après l'autre dans la coupe d'alliance. Après quoi, ils se mirent à table.

Le festin étant fini, et lorsqu'ils étaient sur le point de se coucher, il prit tout à coup au jeune époux d'horribles convulsions: son visage paraît tout défiguré, ses sourcils se froncent et s'élèvent, sa bouche fait d'affreuses contorsions. Il ne peut plus faire un pas; et voulant monter sur le lit, il tombe par terre. Là, étendu tout de son long, il se frotte la poitrine des deux mains, criant de toutes ses forces qu'il a un mal de cœur qui le tue.

La dame, éperdument amoureuse de son nouvel époux, sans penser ni au lieu où elle est, ni à l'état où elle se trouve, crie au secours et se jette à corps perdu sur Ouang-Sun. Elle l'embrasse, elle lui frotte la poitrine où était la violence de la douleur. Elle lui demande quelle est la nature de son mal. Ouang-Sun souffrait trop pour répondre. On eût dit qu'il était prêt d'expirer.

Son vieux domestique, accourant au bruit, le prend entre ses bras et l'agite.

"Mon cher Ouang-Sun, s'écria la dame, a-t-il déjà éprouvé de semblables accidents? — Cette maladie l'a déjà pris plusieurs fois, répondit le valet; il n'y a guère d'années qu'il n'en soit attaqué. Un seul remède est capable de le sauver. — Dis-moi vite, s'écria la nouvelle épouse, quel est ce remède? — Le médecin de la famille royale, continua le valet, a trouvé le secret, qui est infaillible. Il faut prendre de la cervelle d'un homme nouvellement tué, et lui en faire avaler dans un vin chaud. Aussitôt les convulsions cessent, et il est sur pied. La première fois que ce mal le prit, le roi son parent ordonna qu'on fît mourir un prisonnier qui méritait la mort, et qu'on prît de sa cervelle: il fut guéri à l'instant. Mais hélas! où en trouver maintenant? — Mais, reprit la dame, est-ce que la cervelle d'un homme qui meurt de sa mort naturelle, n'aurait pas un bon effet? — Notre médecin, reprit le vieux domestique, nous avertit qu'au besoin on pourrait absolument se servir de la cervelle d'un mort, pourvu qu'il n'y eût pas trop longtemps qu'il eût expiré, parce que la cervelle, n'étant pas encore desséchée, conserve sa vertu. — Hé! s'écria la dame, il n'y a qu'à ouvrir le cercueil de mon mari, et y prendre un remède si salutaire. — J'y avais bien pensé, répliqua le valet; je n'osais vous le proposer, et je craignais que cette seule pensée ne vous fît horreur. — Bon, répondit-elle, Ouang-Sun n'est-il pas à présent mon mari? S'il fallait de mon sang pour le guérir, est-ce que j'y aurais regret? Et j'hésiterais par respect pour un vil cadavre!"

Sur-le-champ, elle laisse Ouang-Sun entre les bras du vieux domestique. Elle prend d'une main la hache destinée à fendre le bois de chauffage, et la lampe de l'autre. Elle courut avec précipitation vers la masure où était le cercueil. Elle retrousse ses longues manches,

empoigne la hache des deux mains, la hausse, et de toutes ses forces
en décharge un grand coup sur le couvercle du cercueil, et le fend en
deux.

La force d'une femme n'aurait pas été suffisante pour un cercueil
ordinaire. Mais Tchouang-Tsé, par un excès de précaution et d'amour
pour la vie, avait ordonné que les planches de son cercueil fussent très
minces, sur ce qu'il avait ouï dire que des morts étaient revenus de
certains accidents qu'on croyait être mortels.

Ainsi du premier coup la planche fut fendue. Quelques autres coups
achevèrent d'enlever le couvercle. Comme ce mouvement extraordinaire l'avait essoufflée, elle s'arrêta un moment pour prendre haleine.
Au même instant, elle entend pousser un grand soupir; et jetant les
yeux sur le cercueil, elle voit que son premier mari se remue et se met
à [*sur] son séant.

On peut juger quelle fut la surprise de la dame Tien. La frayeur
subite dont elle fut saisie, lui fit pousser un grand cri: ses genoux se
dérobent sous elle; et, dans le trouble où elle se trouve, la hache lui
tombe des mains sans qu'elle s'en aperçoive.

"Ma chère épouse, lui dit Tchouang, aide-moi un peu à me lever."
Dès qu'il fut sorti du cercueil, il prend la lampe et s'avance vers l'appartement. La dame le suivit, mais d'un pas chancelant et suant à
grosses gouttes, parce qu'elle y avait laissé le jeune Ouang-Sun et son
valet, et que ce devait être le premier objet qui se présenterait à la vue
de son mari.

Lorsqu'ils entrèrent dans la chambre, tout y parut orné et brillant.
Mais heureusement Ouang-Sun et le valet ne s'y trouvèrent pas. Elle
se rassura un peu et songea aux moyens de plâtrer une si mauvaise
affaire. Ainsi, jetant un regard tendre sur Tchouang-Tsé: "Votre petite
esclave, lui dit-elle, depuis le moment de votre mort, était occupée jour
et nuit de votre cher souvenir. Enfin, ayant entendu un bruit assez
distinct qui venait du cercueil, et me ressouvenant des histoires qu'on
rapporte de certains morts qui sont retournés à la vie, je me suis flattée
que vous pourriez bien être de ce nombre. J'ai donc couru au plus vite,
et j'ai ouvert le cercueil. Béni soit le Ciel, mon espérance n'a pas été
trompée: quel bonheur pour moi de retrouver un mari si cher, dont je
pleurais continuellement la perte! —Je vous suis obligé, dit Tchouang-
Tsé, d'un si grand attachement pour moi. J'ai pourtant une petite
question à vous faire: pourquoi n'étiez-vous pas en deuil? Comment
vous vois-je vêtue d'un habit de brocard brodé?"

La réponse fut bientôt prête: "J'allais, dit-elle, ouvrir le cercueil avec
un secret pressentiment de mon bonheur. La joie dont je devais être

comblée, ne demandait pas un vêtement lugubre, et il n'était pas convenable de vous recevoir, plein de vie, dans des habits de deuil: c'est ce qui m'a fait prendre mes habits de noces. — À la bonne heure, dit Tchouang-Tsé; passons cet article. Pourquoi mon cercueil se trouve-t-il dans cette masure, et non dans la salle où naturellement il devait être?" Cette question embarrassa la dame et elle ne put y répondre.

Tchouang-Tsé, jetant les yeux sur les plats, sur les tasses et sur tous les autres signes de réjouissance, les considéra attentivement; et puis, sans s'expliquer, il demanda du vin chaud pour boire. Il en avala plusieurs coups, sans dire un seul mot, tandis que la dame était fort intriguée. Après quoi, il prend du papier et le pinceau, et il écrivit les vers suivants:

Épouse infidèle, est-ce ainsi que tu réponds à ma tendresse?

Si je consentais à vivre avec toi, comme un bon mari doit faire avec sa femme,

N'aurais-je pas à craindre que tu ne vinsses une seconde fois briser mon cercueil à coups de hache?

Cette méchante femme ayant lu ces vers, changea tout à coup de couleur; et dans la confusion dont elle était couverte, elle n'osa ouvrir la bouche. Tchouang-Tsé continua à écrire quatre autres vers, dont voici le sens:

Qu'ai-je gagné par tant de témoignages de la plus tendre amitié?

Un inconnu n'a eu qu'à paraître, j'ai été aussitôt oublié.

On est venu m'assaillir dans le cercueil à grands coups de hache:

C'est là un empressement bien plus grand que celui de sécher le tombeau avec l'éventail.

Après quoi, Tchouang-Tsé dit à la dame: "Regarde ces deux hommes qui sont derrière toi", et il les montrait du doigt. Elle se tourne et aperçoit Ouang-Sun et son vieux domestique, qui étaient prêts d'entrer dans la maison. Ce fut pour elle un nouveau sujet de frayeur. Ayant tourné une seconde fois la tête, elle s'aperçut qu'ils avaient disparu[5].

---

5   « Ma chère, dit alors le sage, je vais vous faire voir vos deux hôtes. Et, en disant ces mots, il dressa son doigt en direction du dehors. La femme se retourne, et sursaute; que voit-elle? Ce sont le prince [l'amant] et son laquais, qui s'en viennent d'un pas tranquille! Se tourne encore: plus de mari! Et à nouveau: plus de prince, plus de laquais! Car que croyez-vous que c'étaient, que ce prince et que ce laquais? Ils n'avaient d'autre existence que celle qu'avait bien voulu leur donner, en s'y incarnant, celui qui possédait l'art de l'ubiquité et de la maîtrise des apparences! » (traduction de Rainier Lanselle, p. 831.)

Enfin cette malheureuse, au désespoir de voir ses intrigues découvertes et ne pouvant plus survivre à la honte, se retire à l'écart. Là, elle
dénoue sa ceinture de soie et se pend à une poutre. Fin déplorable, où
conduit d'ordinaire une passion honteuse à laquelle on se livre! Celle-
ci, pour le coup, est sûrement morte sans aucune espérance de retour
à la vie.

Tchouang-Tsé l'ayant trouvée en cet état, la détache et, sans autre
façon, va raccommoder un peu le cercueil brisé, où il enferme le
cadavre. Ensuite, faisant un carillon ridicule, en frappant sur les pots,
sur les plats et sur les autres ustensiles qui avaient servi au festin des
noces, il entonna [une] chanson. (. . .)

Tchouang-Tsé, ayant achevé de chanter, se mit à rêver un
moment, et il fit ces quatre vers:

Te voilà morte, il n'y a plus qu'à t'enterrer.
Quand tu me crus mort, tu disais: je me remarierai.
Si je m'étais trouvé véritablement mort, la belle fête qui allait suivre!
Que de plaisanteries tu aurais fait cette nuit-là sur mon compte!

Après quoi Tchouang fit de grands éclats de rire; et donnant à
droite et à gauche sur les ustensiles, il brisa tout. Il fit plus: il mit le feu
à la maison, qui n'était couverte que de chaume. Ainsi tout fut bientôt
réduit en cendres; et ce fut là le bûcher de la malheureuse Tien, dont
il ne resta plus de vestiges. (. . .)

Après cela, Tchouang-Tsé se remit à voyager, bien résolu de ne
jamais se remarier (. . .). »

IV

VOLTAIRE, *Zadig* (1747)

Chapitre II: « *Le nez* ». Après une malheureuse expérience,
Zadig épousa Azora, « la plus sage et la mieux née de la ville », et
« vécut un mois avec elle dans les douceurs de l'union la plus
tendre. Seulement il remarquait en elle un peu de légèreté, et beaucoup de penchant à trouver toujours que les jeunes gens les mieux
faits étaient ceux qui avaient le plus d'esprit et de vertu ».

« Un jour Azora revint d'une promenade tout en colère, et faisant
de grandes exclamations. "Qu'avez-vous, lui dit-il, ma chère épouse,
qui vous peut mettre ainsi hors de vous-même? — Hélas! dit-elle, vous
seriez indigné comme moi, si vous aviez vu le spectacle dont je viens

d'être témoin. J'ai été consoler la jeune veuve Cosrou, qui vient d'élever, depuis deux jours, un tombeau à son jeune époux auprès du ruisseau qui borde cette prairie. Elle a promis aux Dieux, dans sa douleur, de demeurer auprès de ce tombeau tant que l'eau de ce ruisseau coulerait auprès. — Eh bien! dit Zadig, voilà une femme estimable, qui aimait véritablement son mari. — Ah! reprit Azora, si vous saviez à quoi elle s'occupait, quand je lui ai rendu visite! — À quoi donc, belle Azora? — Elle faisait détourner le ruisseau." Azora se répandit en des invectives si longues, éclata en reproches si violents contre la jeune veuve, que ce faste de vertu ne plut pas à Zadig.

Il avait un ami, nommé Cador, qui était un de ces jeunes gens à qui sa femme trouvait plus de probité et de mérite qu'aux autres: il le mit dans sa confidence, et s'assura, autant qu'il le pouvait, de sa fidélité par un présent considérable. Azora, ayant passé deux jours chez une de ses amies à la campagne, revint le troisième jour à la maison. Des domestiques en pleurs lui annoncèrent que son mari était mort subitement la nuit même, qu'on n'avait pas osé lui porter cette funeste nouvelle, et qu'on venait d'ensevelir Zadig dans le tombeau de ses pères, au bout du jardin. Elle pleura, s'arracha les cheveux, et jura de mourir. Le soir, Cador lui demanda la permission de lui parler; et ils pleurèrent tous deux. Le lendemain ils pleurèrent moins, et dînèrent ensemble. Cador lui confia que son ami lui avait laissé la plus grande partie de son bien, et lui fit entendre qu'il mettrait son bonheur à partager sa fortune avec elle. La dame pleura, se fâcha, s'adoucit; le souper fut plus long que le dîner; on se parla avec plus de confiance: Azora fit l'éloge du défunt; mais elle avoua qu'il avait des défauts dont Cador était exempt.

Au milieu du souper, Cador se plaignit d'un mal de rate violent. La dame, inquiète et empressée, fit apporter toutes les essences dont elle se parfumait, pour essayer s'il n'y en avait pas quelqu'une qui fût bonne pour le mal de rate; elle regretta beaucoup que le grand Hermès ne fût pas encore à Babylone; elle daigna même toucher le côté où Cador sentait de si vives douleurs. "Êtes-vous sujet à cette cruelle maladie? lui dit-elle avec compassion. — Elle me met quelquefois au bord du tombeau, lui répondit Cador; et il n'y a qu'un seul remède qui puisse me soulager: c'est de m'appliquer sur le côté le nez d'un homme qui soit mort la veille. — Voilà un étrange remède, dit Azora. — Pas plus étrange, répondit-il, que les sachets du sieur Arnou contre l'apoplexie." [*Arnoult, inventeur d'un anti-apoplectique; il en faisait alors la publicité dans le *Mercure de France*] Cette raison, jointe à l'extrême mérite du jeune homme, détermina enfin la dame. "Après tout, dit-elle, quand mon mari passera du monde d'hier dans le monde du lendemain sur le pont Tchinavar [*les âmes passaient ce pont si elles étaient justes, mais y restaient éternellement, si elles étaient coupables], l'ange Asraël lui accordera-t-il moins le passage parce que son nez sera un peu moins long dans la seconde vie que dans la première?" Elle prit donc un rasoir; elle alla au tombeau de son époux, l'arrosa de ses larmes, et s'approcha pour couper le nez à Zadig, qu'elle trouva tout étendu dans la tombe. Zadig se relève en tenant son nez d'une main, et arrêtant le rasoir de l'autre. "Madame, lui dit-il, ne criez plus tant contre la jeune Cosrou. Le projet de me couper le nez vaut bien celui de détourner un ruisseau."

Zadig (. . .) fut quelque temps après obligé de répudier Azora, qui était devenue trop difficile à vivre; et il chercha son bonheur dans l'étude de la nature. »

V

FRÉRON, « Tchouang-Tse et Tien: Histoire chinoise », dans le
Journal étranger

Dans son *Journal étranger*, numéro de décembre 1755, pp. 176–219,
FRÉRON reprit, presque textuellement, le conte du Père d'Entrecolles,
rapporté par le Père Du Halde. Voici les commentaires qu'il y ajouta, pp.
214–218, et qui, comme Lemonnier le reconnaît dans sa Préface, ont
donné à celui-ci l'idée de sa comédie:

« Il n'y a personne qui ne soit frappé du rapport singulier qui se trouve entre cette femme chinoise et la célèbre veuve de la ville d'Éphèse, dont Eumolpe fait, dans la satire de Pétrone, le conte ingénieux, traduit en tant de langues. Il n'est cependant pas vraisemblable que cette satire soit connue des lettrés de la Chine. Ce ne sont pas de pareils livres qu'y portent nos missionnaires. Ainsi l'on peut dire hardiment que les deux romanciers se seront rencontrés sans s'être jamais lus, et sans avoir seulement entendu parler l'un de l'autre. Ces idées similaires, qu'on me passe ce terme, ne sont pas rares dans la République des Lettres. Mais si le fond des deux contes est le même à peu près, quelle différence dans l'exécution! elle est toute à l'avantage de l'auteur asiatique; et la *Matrone chinoise* est bien supérieure, selon moi, à la *Matrone d'Éphèse*. Cette dernière n'est qu'un croquis en comparaison de la première, qui est un tableau achevé, ou, si l'on aime mieux, une pièce dramatique où toutes les règles sont observées: l'exposition, le nœud, le dénouement, la morale qui en résulte, tout s'y trouve à sa place, et traité avec un art, une intelligence et un goût qui ne laissent rien à désirer. Quelle gradation dans l'intérêt! quelles grâces dans le récit! quel naturel et quelle vivacité dans le dialogue! quelle vérité dans les caractères! quels développements de cœur! Pétrone entre brusquement en matière: il suppose le mari déjà mort; il enferme la veuve dans sa tombe. Combien plus adroit et plus piquant est l'auteur chinois, qui, par la rencontre de la jeune veuve, occupée à sécher le sépulcre de son époux, fait naître si naturellement une conversation, une querelle sur l'amour conjugal entre le philosophe et sa femme. Celle-ci lui jure l'attachement le plus vif, le plus sincère, le plus inviolable; et c'est peu de jours après ces grandes protestations, après ce fastueux étalage de tendresse, d'honneur et de vertu, qu'elle trahit son devoir, ses serments, la bienséance et l'humanité. Je ne crois pas me tromper: je regarde ce préambule comme un de ces coups de maître, une de ces heureuses productions de l'art, que le génie seul peut enfanter. Dans Pétrone, c'est le soldat préposé pour garder pendant la nuit deux voleurs qu'on avait pendus, qui aperçoit à travers l'obscurité une lumière dans le sépulcre, qui y descend et qui séduit avec assez de peine la veuve affligée. Dans l'histoire chinoise au contraire, c'est la veuve qui fait les premières avances, qui lève tous les obstacles, ce qui constate encore mieux la légèreté et l'inconstance des femmes, que l'auteur latin a précisément pour but de faire voir. Les entrevues, les propos avec le vieux domestique, le mal qu'elle lui dit de son mari, la négociation dont elle le charge, les récompenses qu'elle lui promet, ses inquiétudes en attendant son retour, ses allées et ses venues dans la salle, ce valet endormi auprès du cercueil, et insultant ainsi aux mânes du défunt, sans qu'elle s'en offense: comme tout cela est amené, caractérise l'ingratitude du cœur et l'aveuglement de la passion! Enfin (et c'est ici le point essentiel), les coupables désirs de la *Matrone d'Éphèse* sont satisfaits dans la tombe même, et presque sur le cercueil du mari. On enlève un des pendus; le soldat qui en répondait sur sa tête se trouvant embarrassé, la veuve exhume le cadavre de son époux et le fait attacher à la potence pour sauver son amant: le crime est consommé en tous points; elle en jouit en paix à la face de l'univers. Il n'en est pas ainsi dans l'auteur chinois; il a précisément exécuté ce que Lycas dit chez Pétrone, après avoir entendu le récit d'Eumolpe: "Si le gouverneur avait rendu justice, il aurait fait remettre le corps du mari dans le tombeau, et eût fait pendre la femme à sa place." (. . .) Au moment même que la veuve chinoise se flatte de contenter sa

passion, des obstacles imprévus font évanouir le bonheur qu'elle se
promettait. Son mari revoit la lumière et lui reproche sa perfidie. Elle
se pend de désespoir; le crime est puni avant qu'elle ait eu le temps de
le commettre. Elle pouvait dire avec la *Phèdre* de Racine:

> Hélas, du crime affreux dont la honte me suit,
> Jamais mon triste cœur n'a recueilli le fruit.

Enfin, l'amour conjugal est vengé, cet amour si saint et si respecté
dans l'Orient, si profané et trouvé ridicule dans l'Occident. L'auteur
a rempli le but politique et moral qu'il se proposait, d'apprendre aux
hommes quel fond ils doivent faire sur les femmes les plus tendres et
les plus attachées en apparence, de mettre par là un frein à la violence
du penchant qui les entraîne vers elles, et de donner à celles-ci une
leçon terrible et salutaire. On peut m'accuser d'enthousiasme; mais
j'avoue que je ne connais rien de mieux, dans ce genre de contes, chez
les anciens et chez les modernes (. . .). »

Bibliographie

N.B. Je m'en tiens à l'essentiel de ma documentation, pour ne pas reprendre tout ce que d'autres ont déjà répertorié. Pour les textes et les études sur la « Matrone d'Éphèse » et sur la « Matrone chinoise », est suivi l'ordre chronologique de parution, et est indiquée la date des éditions consultées. Pour les études sur le théâtre au XVIIIe siècle, sera suivi l'ordre alphabétique traditionnel.

(I) Sur le thème de la « Matrone d'Éphèse » et de la « Matrone chinoise »:

a) La Matrone d'Éphèse:

— PÉTRONE, *Le Satiricon*, texte et traduction d'Alfred Ernout (1ère édition, 1923); dixième tirage revu et corrigé, Paris, « Les Belles Lettres », 1990.
— PHÈDRE, *Fables*, texte et traduction de Pierre Constant, Paris, Garnier frères, 1937.
— LA FONTAINE, *Œuvres complètes*; t. I: Fables, contes, édition Jean-Pierre Collinet, Paris, Gallimard, collection « La Pléiade », 1991 (pp. 508–513: texte; et pp. 1306–1307, sur les écrivains qui depuis l'Antiquité ont traité le thème, mais Lemonnier est ignoré).
— SAINT-ÉVREMOND, *Œuvres mêlées*, Paris, Barbin, 1678, t. V.
— HOUDAR DE LA MOTTE, *La Matrone d'Éphèse*, comédie en un acte et en prose (Théâtre-Français, 23 septembre 1702), Paris, P. Ribou, 1702.
— FUZELIER (Louis), *La Matrone d'Éphèse*, pièce en 2 actes, en vers, avec chants et danses, Paris, Foire Saint-Germain, en 1714, et Foire Saint-Laurent, en 1716 (BNF. manuscrit fr. 9 335)[1].
— BIELFELD (baron Jacob-Friedrich von), *La Matrone*, comédie en 5 actes

---

1 Une note manuscrite, peut-être de celui qui acquit le manuscrit au XVIIIe siècle (fonds Soleinne), porte, à la première page, ce jugement: « Excellente pour son tems (*sic*), a été jouée aux danseurs de corde, n'a ni queue ni tête ». De fait, cette « arlequinade » n'offre guère d'intérêt. Il n'est d'ailleurs question de la Matrone que dans le second acte, et au milieu de pitreries qu'on peut imaginer avoir été amusantes sur une scène de foire, mais d'un goût douteux aujourd'hui: Pétrone, revu par Arlequin!

et en prose, dans *Comédies nouvelles*, Berlin, E. de Bourdeaux, 1753.

— WATELET (Claude-Henri), *Les Veuves, ou la Matrone d'Éphèse*, comédie en 3 actes et en vers libres (entre 1755 et 1758), publiée dans *Recueil de quelques ouvrages*, Paris, Prault, 1784[2].

— LE GAY (Louis-Pierre), *La Matrone d'Éphèse*, comédie en un acte et en vers libres, mêlée d'ariettes, publiée dans *Mes Souvenirs et autres opuscules poétiques*, Caen, Manoury aîné, 1786.

— RADET (Jean-Baptiste), *La Matrone d'Éphèse*, comédie en 1 acte et en prose, mêlée de vaudevilles (Théâtre du Vaudeville, 13 octobre 1792: grand succès). Paris, au théâtre du Vaudeville, an III, avec musique.

b) La Matrone chinoise:

— *Spectacles curieux d'aujourd'hui et d'autrefois (Jingu qiguan)*; texte traduit, présenté et annoté par Rainier Lanselle, Paris, Gallimard, collection « La Pléiade », 1996.

— ENTRECOLLES (le Père François-Xavier d'), *Traductions d'histoires chinoises*, 1723 (BNF. manuscrit fr. 19 536).

— DU HALDE (le Père Jean-Baptiste), *Description géographique, historique, chronologique, politique et physique de l'empire de la Chine et de la Tartarie chinoise*, Paris, P.-G. Le Mercier, 1735, 4 vol. in-fol.

— FRÉRON (Élie), *Journal étranger*, ouvrage périodique, Paris, 1754–1762; décembre 1755.

— VOLTAIRE,

  ★ *Zadig, ou la destinée*, édition V. L. Saulnier; nouvelle édition revue, Genève, Droz, 1965.

  ★ *Contes en vers et en prose*, édition Sylvain Menant, Paris, Bordas, « Classiques Garnier », 1992–1993, 2 vol., t. I, pp. 117–118.

— BATLAY (Jenny-H.), « Analyse d'un chapitre de *Zadig*: le *nez*, démystification et moralité », dans *Studies on Voltaire*, Oxford, Voltaire Foundation, 1975, vol. 132, pp. 7–15.

— SHEU (Ling-Ling), « Le conte du 'Nez' dans *Zadig* de Voltaire, ou de l'imitation à l'originalité » (Colloque d'Exeter, 1998), dans *French Studies of the Eighteenth and Nineteenth Centuries*, Berne-New York, édition Peter Lang, 2000, vol. 5, pp. 41–51.)

---

2 Cette comédie, non représentée, était d'un comique macabre, digne des pièces dites plus tard du « Grand Guignol ».

(II) Sur le théâtre au XVIIIe siècle:

N.B. Là encore, l'essentiel, puisque presque tous les critiques et les historiens du théâtre ignorent Lemonnier.

— ATTINGER (Gustave), *L'Esprit de la commedia dell'arte dans le théâtre français*, Paris, Librairie théâtrale, 1950.

— BLANC (André), *Le Théâtre français du XVIIIe siècle*, Paris, Ellipses, collection « thèmes et études », 1998.

— BRENNER (Clarence D.),

* *A bibliographical List of plays in the French language, 1700–1789*, New York, AMS Press, 1974 (1ère édition, Berkeley, 1947).

* *The Theatre Italien, its repertory, 1716–1793*, Berkeley-Los Angeles, University of California Press, 1961.

— CAMPARDON (Émile), *Les Comédiens du roi de la troupe italienne pendant les deux derniers siècles*, Paris, Berger-Levrault, 1880, 2 vol. (Genève, Slatkine reprints, 1970).

— JOANNIDÈS (A.), *La Comédie-Française de 1680–1900*, Paris, 1901 (Genève, Slatkine reprints, 1970).

— *Mercure de France*, janvier 1765, t. 88 (Genève, Slatkine reprints, 1970).

— ORIGNY (Antoine d'), *Annales du Théâtre-Italien*, Paris, Veuve Duchesne, 1788, 3 vol. (Genève, Slatkine reprints, 1970).

— PEYRONNET (Pierre), « C'est pour rire. . ., ou la Chine sur le théâtre français au dix-huitième siècle », dans *Orientales*, études réunies par Roland Bonnel, *Dalhousie French Studies*, 1998, vol. 43, pp. 119–129.

— *Registres du Théâtre-Italien*, Paris, Bibliothèque de l'Opéra [Th. OC. 46, SR 97/4123].

— TISSIER (André), *Les Spectacles à Paris pendant la Révolution (1789–1792)*, Genève, Droz, 1992.

(III) Sur les « chinoiseries » au XVIIIe siècle:

N.B. Beaucoup de choses ont déjà été écrites. Citons en particulier parmi les ouvrages récents:

— Balliot (Frédérique), « *Chinoiseries* » littéraires: la Chine et la littérature d'imagination en France de 1704 à 1789 (exemplaire dactylographié d'une thèse, 519 pages, importante bibliographie; Université de Lyon III, 1996).

— Jarry (Madeleine), *Chinoiseries: le rayonnement du goût chinois sur les arts décoratifs des XVIIe et XVIIIe siècles*, Fribourg-Paris, Office du livre-Vilo, 1981.

— Thomaz de Bossierre (Mme Yves de), *François-Xavier Dentrecolles et l'apport de la Chine à l'Europe du XVIIIe siècle*, Paris, Les Belles Lettres, 1982.

EXETER TEXTES LITTÉRAIRES

La nouvelle collection *Exeter Textes Littéraires* est dirigée par David Cowling, maître de conférences dans le Département de français, Université d'Exeter.

1 Marie Krysinska, *Rythmes pittoresques*
éd Seth Whidden

2 *Candide, ou l'optimisme, seconde partie (1760)*
éd Edouard Langille

3 *Autour de la 'Lettre aux directeurs de la résistance' de Jean Paulhan*
éd John Flower

La liste des 113 volumes de la première série (*Textes littéraires*), publiés entre 1970 et 2001, est accessible sur le site Web du Département de français de l'Université d'Exeter (www.exeter.ac.uk/french/) en suivant le lien 'Textes littéraires'.